U0082171

目錄

目錄

第四章　選擇適合自己的投資：
　　　　像投資自己那樣去理財

目錄

第七章　改變讓你成為有錢人：
儘早精通專家告訴你的理財方法

目錄

前言

人在 30 多歲前是賺錢的年代，30 歲後是理財的年代，這是李嘉誠說的。還有一個說法，一個人，如果 30 歲時有 50 萬元，不做別的只是穩健打理，到這個人退休時將有幾百萬元甚至上千萬元，這話你相信嗎？反正我相信。

也許不同的人會看到不同的價值，但我最想告訴大家的是要對財富持有正見，在正確的理念指導下，讓正確的方法成為習慣，財富離我們不遠了。

有一位年輕朋友，手上有 20 多萬元，平常都存活期，他自己也不管。去年春天，他和一個同事聊天時，同事告訴他，你拿出來買理財產品呀。他抱著不當一回事的態度去買了一款理財產品，一年 3.45% 的收益，竟賺了 7,000 多元，這讓他很意外，好像自己得了一個大便宜，實際上，這就是理財意識。

記住財神爺索羅斯的名言：「理財永遠是一種思維方法，而不是簡單的技巧。」我們首先需要掌握的，僅僅是一種態度而已。

很多人錢賺得不少，只是花得沒計畫。給大家一個很有效

前言

的公式，一般人都是「收入－開銷＝結餘」，這樣很難留下錢，很多人都會說沒到下個月發薪水的日子，這個月的薪水已經花得差不多了，而一些收入高的人，也倚仗不同尋常的賺錢能力，對存錢不屑一顧，認為存錢還不是馬上要考慮的事。但事實上，輕鬆存下一點，就會對未來做出規畫。

未雨綢繆的道理都懂，但大家還是敵不住花錢的痛快。

當你肆意揮霍的時候，你是否想過自己30年後的生活？是牽著老伴的手在希臘愛琴海細數往日情懷？還是蝸居在小房子中，每天白粥配鹹菜？每個人都會慢慢變老，但沒有人希望今天的收入比昨天還要少；每個人都希望長壽，但是沒有人願意到老了還晚景淒涼。30歲的你，現在只須每個月投資1,000元，30年後，也就是當你60歲時，就可以換來600萬！或許，你會說：30歲，正值而立之年，你需要買房買車、籌備結婚等等，沒有辦法每個月存下1,000元。那麼，從現在開始，只要每個月用700元進行投資，並將這700元投資於一種或數種年報酬率在15%以上的投資工具，30年後就能備妥400萬的退休金。

理財其實是一種個人或家庭的人生規畫，它的技術目的是透過善用錢財，盡量使個人及家庭的財務狀況處於最佳狀態，它的現實目的是為了實現個人和家庭的短、中、長期的生活目

標和規畫，它的最高訴求是內心的平和滿足、人生的幸福。

　　時間，可以創造奇蹟，從現在開始，跟隨頂級理財師規劃你的財富人生，我相信，不用 30 年，10 年後，你就可以從容面對人生，笑傲於晚年生活了！

前言

第一章　理財規畫就是生涯規畫：

制定富足一生的理財計畫

把理財作為一種基本的生活方式

　　理財就是生活的一部分，買一棵大白菜是理財，賣掉平時不要的書籍也是理財，只要涉及到物資與財富進出就是理財；然而我們忽略了生活中習以為常的理財細節，誤解了生活中最基本的理財行為。進而使我們絕大多數人的理財觀念長期以來定格在「投資理財」模式上，認為做生意、投資房地產、買股票、炒外匯等行為才是真正意義上的理財。很自然，在「投資理財」觀念的引導下，我們絕大多數人的生活方式失去理財的影子，思維方式缺少理財的滋養。「月光」上班族比比皆是，一貧如洗的富翁老闆隨處可遇，養老難題危及傳統社會，家庭破產也開始頻頻爆發……

　　比如婚姻，有些人一談到婚姻與財務的關係就很厭煩甚至痛心疾首，覺得這樣會把純潔的婚姻玷汙，但他們忽略了財務對婚姻以及婚後生活的影響。勢利點講，婚姻是合夥公司，夫妻間財務獨立那是有限責任公司，如子女教育、買房等家庭共同財務問題；夫妻間財務融合那是無限責任公司。如果我們從理財的角度來分析夫妻財務狀況，合理規劃家庭責任，建立有效的家庭計畫，那麼不論是哪種婚姻方式都不會對家庭幸福造成太大的衝擊，反而有利於形成夫妻間人格獨立的生活方式。

　　理財應該是一種生活態度與思維方式。在很多人看來，理

財是非常深奧複雜的財務問題，卻不知道自己平常生活中隨時隨地都在理財。

想想自己，從小開始，打乒乓球、游泳，都沒有專業的人教，都是隨波逐流，亂學一氣，其實花的時間累計起來很多，卻沒有學出個樣子，一看就不專業。

再想想人生吧，有人很專業的教過我們如何戀愛，如何擁有幸福婚姻，如何與人相處，如何說話，如何教育子女嗎？都沒有。至少，學校很少教這些。

可是，請各位朋友仔細想一下：你現在的大部分苦惱不都和這些問題相關嗎？

我們生命中最重要的、每天都必須經歷的那些體驗，竟然絕大部分都是靠自己摸索和在社會上學習的！這必然導致要走極大的彎路，有數不清的浪費、懊惱和損耗。有些錯誤的觀念、有些無知，可能會耽誤和影響你一生。

生命中很多收穫都是時間的函數，越早習得，越早收穫；越早明白，越早幸福。而人生就是這麼長，晚一點習得，生命就少一分價值。再晚的話，機會可能都沒了。古語說：「書生老去，機會方來」，現代社會的悲劇則往往是，當你明白該怎麼做了，機會卻不再來了，至少不那麼好了。

以我從事新聞工作 20 年的觀察來看，人與人的差別，固

然有天時、地利的差別，但觀念的差別、認知的差別，可能是更為根本的。我們多麼需要在我們更加年幼、年輕的時候被啟蒙，被關於人生與社會的真知啟蒙。

在今天這樣一個市場經濟社會中，在全球經濟都在日益貨幣化、資本化、證券化（也可以統稱為金融化）的背景下，下面這些道理，在大多數情況下都是成立的。

1. 你所擁有的金錢與財富的多少，和你的自由、幸福、尊嚴的程度，有相當大的關係。

2. 一個社會要宣導公平正義，要關心弱勢階層，但作為一個個體，卻應該把創造富裕、富足的生活，作為自己的基本責任。

3. 要富足，就不能不理財，也就是從財務角度規劃和實施一生的收與支。

結論很簡單，我們應該把理財作為一種基本的生活方式。

不理財，讓生活壓力無限擴大

不管你接受與否，實際上，壓力已是我們生活中很自然的一部分 —— 通常，理財事務是主要的促成因素。

我們經常看到生活中很多人會意志消沉，覺得人生很累，為什麼不能活得快樂一點，為什麼總感覺有那麼多的負擔？正所謂：「人無遠慮、必有近憂」，倘若具備足夠的危機意識便不

會讓你的人生充滿痛苦，反而能夠預防緊急危難的發生，讓你的人生平安順利，不至於陷入危難而無法自拔。

之所以要規劃好人生不同階段的支出，做好理財規畫，最重要的原因不外乎以下幾點：

購屋成本升高，但薪資成長維持原地不動

房價飆升，房奴與日俱增。他們終日辛勞，為的是在都市中能夠有自己小小的窩。為了這個目標，他們嘗遍酸甜苦辣，扛著「枷鎖」跳舞，過著「還房貸、吃便當」的日子。房子，成為壓在上班族身上的一座大山，縱使愚公，也無能力移動。

根據統計，受薪階級如果要靠薪水買間房子，可能需要不吃不喝二十年，才能籌備完整購買房子的資金。然而大多數人不可能一下子備齊買房子的全部資金，如果購房的時候只準備了 10% 的自備款，加上每月支付的貸款利息，對很多職場新鮮人與上班族來說，將造成很大的財務負擔。如果更換工作或萬一固定收入中斷，將面臨很嚴重的資金短缺，對多數只領一份死薪水的上班族來說，要吃飯、要坐車，還要養孩子，生活壓力實在太大了。

教育費用飆漲，工作機會越來越難找

伴隨著「再苦不能苦孩子，再窮不能窮教育」觀念的深入

人心，子女的教育費用也一路飆升，近年來大學學費不斷調漲，讓很多受薪階級的父母親都大喊吃不消。

現在上大學，有媒體笑稱：「說計畫不是計畫，說市場不是市場。」一言以蔽之，就是大學好上，但是沒錢不行。即使辛辛苦苦存了錢付了學費，也順利畢業，還要接著面臨更困難的問題，就是就業問題。一項對近百所大學所進行的「大學生就業狀況調查」指出，目前六成的大學生面臨畢業即失業的窘境。有的是真的沒有辦法在畢業後六個月內找到工作，有的是找不到合適的工作。

在職場一直流傳著一句順口溜：「博士生一走廊，碩士生一禮堂，大學畢業生一操場。」很多公司在招聘新員工的時候，往往招聘人數不多的工作職位，光是寄來的履歷資料與前來應徵面試的人就成千上百。就業壓力將長期存在，從勞動力供給與需求的角度來分析，未來幾年，大學畢業生的就業問題必然受到擠壓，就業競爭也會更加劇烈。

當我們老了以後，光指望退休金已經不實際了

想要知道退休之後的各種收入能否滿足養老所需，最重要的就要計算「所得替代率」，它是指薪水族退休之後的養老金領取水準與退休前薪資收入水準之間的比率。

計算方式很簡單，假設退休人員領取的每月平均養老金

為 10,000 元，如果他去年還在職場工作，領取的月俸收入是 30,000 元，則退休人員的養老金替代率為（10,000÷30,000）×100％＝30％。

在過去已經退休的職場工作者由於當時的利率尚高，通貨膨脹仍低，財富累積較快較穩，因此所得替代率通常能夠維持在 60％到 70％左右，因此，在正常情形下，他們仍舊能維持過去的生活水準。但是現今環境不同了，物價年年漲但薪資的成長幅度遠遠跟不上物價飆漲的速度，按照目前的狀況分析，我們這一代的年輕人，到退休的時候頂多只能維持 30％至 40％的所得替代率，你把現在的薪水縮減三分之二，就知道你靠退休金養老是什麼滋味了。

你拿什麼養活自己和家人

你是否想過這樣一個問題：30 年後，會是怎樣的一種生活狀態？不管你是 20 多歲的職場新人，還是 30 歲的社會菁英，你都要面臨一個無法逃避的問題：在你年老退休不能工作了之後，你拿什麼來養活自己和家人？我們現在年富力強，有穩定的工作不錯的收入，30 年之後對於我們來說或許還太遙遠。我們無法想像，等我們退休後，有將近 30 年只有支出，沒有收入的情景會是怎樣，而且還依然要維持體面的生活，還要為醫療的費用支付大筆的金錢。

「老年人難題」所帶來的壓力：老年貧困、老年歧視、老年醫療已經開始凸顯。而且，目前的社會福利制度並不能幫助所有人解決養老的問題，所以，養老還是要靠我們自己的奮鬥，我們今天的奮鬥狀態決定了 30 年後我們的生活狀態。

態度決定一切，這個道理同樣適用於理財

你是否有一個正確的理財觀念、理財態度，將決定你以後的許多決策，將決定你是在理財還是在「敗財」。如果沒有正確的理財觀念，即便你懂得高深的理財技巧，也可能產生相反的作用；觀念不對，理財技巧越好，可能會跌得越慘。

我們說的第一個理財觀念，好多朋友看了可能會不屑一顧，認為說得不對。其實，1970、1980 年代出生的年輕朋友，雖然趕上了社會發展最快的時期，但實際上還是「過渡」的一代人，很多人都還有著上一輩人的觀念，認為理財不是一件特別光彩的事，不正大光明；或者就算在理財也不愛跟周圍的親戚朋友說起，總是在偷偷摸摸的做；或者認為老算計錢挺沒勁的，等等。不可否認，很多朋友有諸如此類的想法，其實大可不必。首先，我們要明確，理財就是一件正大光明的事情，我們要正視理財這件事，它與生活品質息息相關；要善於跟周圍朋友共同探討理財這件事，共同學習，共同提高理財技巧，合理合法的為自己、為家庭累積財富。自己勞動所得，合理理財

有何不當？只有不正當的收入才害怕與人提起。在強調「公平、公正」的社會環境中，正確的理財觀念代表著一種正面的社會風氣。

理財要從現在開始，並長期堅持

　　何時開始理財最好？這個問題也是許多朋友經常會問到的。在這裡，我跟大家強調一下，理財就跟學習一樣，什麼時候開始都可以，但越早越好。學前教育、義務教育都發展得很好，但是在這些教育裡沒有涉及理財的啟蒙教育，這不能不說是教育的一個遺漏。很多朋友在工作以前都沒有理財的觀念，從小到大，一切都是父母包辦的。自己不賺錢，也不懂得理財，以致在工作多年以後都很難養成理財的習慣。這個問題是長期以來對於理財觀念的缺乏（古時就有重農輕商），造成理財教育的缺失，使得我們中的很多人沒有理財的意識。理財就這麼被忽視了。直到有一天發現自己買房子沒錢，裝修沒錢，結婚沒錢，生孩子沒錢的時候，怎麼辦？跟父母要。難道能跟父母要一輩子？他們能永遠做你的搖錢樹嗎？所以，從現在開始理財真的是刻不容緩。

　　關於理財為什麼要從現在開始，並要長期堅持，這裡我們就不多論述了。我們就講講一些朋友在理財觀念中的幾個誤區，還有相關的故事，大家就清楚了。

養老問題，越早準備越好

說到養老，最核心的問題自然是我們到底需要多少錢才退得起休？

假設你現在 30 歲，計劃在 55 歲退休，終老年齡 80 歲。退休之後的 25 年時間內，基本生活費和醫療保健支出按目前平均月消費 7,500 元的最基本費用計算，考慮通貨膨脹 4%，這樣，到退休的時候，基本生活費加醫療將達到每月 20,000 元。

按退休金投資收益和通貨膨脹相抵計算，這 25 年間我們至少需要 20,000×12×25 ＝ 600 萬元的養老金。如果加上旅遊、休閒支出按月消費最基本的 5,000 元計算，還將增加 400 萬元的養老金需求。這還僅僅是一個人的費用，夫妻雙方費用需求總和保守估計也將超過 1,500 萬元。

而且，如果你身體不錯，活到 85 歲或者 90 歲都有可能。再加上老年人無法躲避的病痛，未來醫療開銷幾乎無法預估。這些都可能令我們需要的養老金需求變成兩三千萬元，甚至更高達到一個天文數字。

所以養老問題不能小視，必須儘早準備。

人生有風浪，理財是保障

人平平安安時，理財規畫就是計算一下每個人一輩子的收入及支出，很多人低估年老時候的金錢支出，所以很多人忽略了要為自己準備足夠的儲蓄養老，以免變成兒女的負擔。

其實人生未來的變幻，說白了，也就是常見的幾種，100 人裡面總有好幾位會碰到。

五成機率：富翁掉下去成為窮光蛋

在我們的理財案例中，有不少的成功人士，很年輕已賺了好幾個一百萬，但生意變化無窮，就算是大型機構，都會倒閉。

有一兩年生意興旺時，也同時吸引了很多競爭者，再過幾年，售價下降三成至五成，你的利潤化為烏有。不但沒利潤，還在虧損。但你不甘心，苦苦支撐你一手創建的企業，不出三四年，由富翁掉下去成為窮光蛋。

不少創業者，有幾年是很風光，但一二十年過後，卻很潦倒。生意競爭比受僱工作更激烈，幾年的輝煌並不代表永遠。要在風光時，每年抽走 2％ 的利潤存起來，十年後有需要時動用。

年輕有為，過早成功的人，有個缺點，別人說的話，他不會聽，很容易輸在過於自信。有時我們理財顧問也幫不了他們。

第一章 理財規畫就是生涯規畫：制定富足一生的理財計畫

患病：一百人有三四位會患上癌症

　　每個人的圈子，都會聽到有朋友、親戚患上這個病。不要說別人，我的一個朋友，家裡已經有兩個人患過腫瘤。父親是患癌症過世的，肝癌，治療了 9 個月後過世。醫的時候，花了大概一兩百萬。

　　其妹妹患上乳癌，已治好了，5 年內也沒有復發，算是撐過去了。妹妹是知名大學的畢業生。雖然病好了，卻不能正常工作，不能接受有壓力的工作環境，一邊兼職做兒童基金會義工，一邊賣保險。她因為購買了重大疾病險，所以一百多萬醫療費，全報銷。她覺得賣保險能幫助別人，所以很用心的在做，也賺一點生活費。

　　由於其家庭有兩三成人會患上癌症，考慮到也許是有家族遺傳病，所以我的這個朋友購買了超過 250 萬的重大疾病險，有備無患。

　　假如有一天，你不是聽到別人患癌症的故事，而是醫生告訴你，你或你的另一半患了癌症，你心理及財務上，安排得了嗎？

車禍：為城市人口死亡的四大原因之一

　　車禍，已成為當今社會公害，為城市人口死亡的四大原因

之一。據了解，Ａ國汽車擁有量約占全世界的 2%，但道路交通事故死亡人數卻占全世界的 15%，多年高居世界第一。近年來，連續三年死亡人數超過 10 萬人，平均每天死亡 300 人，相當於一架民航客機失事。我見到一個案例，是位女性，25 歲，左腿廢了，中度傷殘，不能正常工作。保險公司賠了 100 萬，也不一定夠養她一輩子。假如她購買了意外險，賠個 200 萬，生活會更舒適一點。保險的用途，比窮父母親的愛，更加實際。有意外時，無錢不行。只有家人的愛心，遠遠不夠。

孩子無心念書：十個中有一兩位

最新的理財觀念告訴我們：「富」孩子就是今天為明天做準備、對未來教育和創業之資金準備有預期的孩子；而「窮」孩子，就是只有眼前、沒有長遠規畫的孩子，安排實施「富孩子」計畫無疑會為孩子日後的發展提供資金上的保障。因此，如何準備好各項資金，使孩子在成長的道路上免受缺乏資金的困擾，已經成為現在父母們的心頭大事。

雖然父母親都是知名大學的畢業生，偏偏孩子不喜歡念書，他的喜好，很可能是音樂、繪畫、設計或髮型師……會理財的父母會對孩子的將來有一個很好的規畫。一對事業很成功的歸國夫婦，孩子不愛念書，而他們的財務規畫仍是圍繞著孩子將來的幸福來設計的，讓孩子有足夠的經費，將來到英國、

法國深造成一位成功的髮型師。

離婚：十個家庭有一兩個會發生問題

隨著人們對婚姻品質、感情需求的上升，以前「湊合著過」的想法被越來越多的人放棄。特別是近些年，在東方國家，因為一些看上去並不大的家庭矛盾引發的離婚衝動明顯增多，幾個大城市的離婚率已超過 30%……

女人離婚後，一般生活都很艱難。離婚後生活還可以的有兩種女人：

1. 她預先有準備。
2. 她離婚後，有謀生的本領。

即使在普通的城市，離婚機率也有十分之一二，女人應當有計畫，假如在結婚前發現雙方感情或其他方面差異比較大的時候，適宜用結婚後幾年做出一些準備。

人生美滿與否，做好準備永遠都不會錯。

有七成中年人會失業

有七成中年人都會經歷 50 歲後收入大幅下降的過程，除了少數高層的主管還可能步步高升之外，其他人到中年時，公司裡面都會發生相應變化，會影響他的收入。

40 多歲失業，人已過了年輕力壯的時候，不能說不驚慌。固定開銷，每月兩三萬是免不了的，靠積蓄過活，長則兩三年，短的一年便用完積蓄，怎麼辦？

這的確是人生很可能碰到的事情。假如我們在 30 來歲已經有所預備的話，「失業」這經歷，說不定反而是一個新局面的開始。

問題的關鍵是，你是否在幾年前，已做好預備。公司經營不佳，一兩年前便有兆頭，你應馬上做預備，不能遲疑，不能拖泥帶水。你不做預備，到頭來終將害了自己。

以上不同的人生變幻，都是有可能發生的。

對沒有準備的人而言，有事故發生時，驚慌萬分，由於沒有足夠財務上的準備，家庭一下子走向悲劇。

人生是喜劇或是悲劇，在於是否有所準備。有所準備的人，轉危為安，逢凶化吉。沒有準備的人們，一生便毀了，也同時連累家人。

你說，一個好的理財規畫是否重要呢？

人生有風浪，並不奇怪。但天助自助者，若什麼都不做，等命運決定，這與我們提倡的積極人生是兩個不同的生活態度。

30 歲之前，為自己種下一粒「金子」

在理財教育中，流傳著「老山姆的故事」。

1926 年，一個普通的美國人山姆出生了。山姆的父母本打算買一輛當時價值 800 美元的福特 T 型汽車。山姆的出生，使父母改變了消費的想法，他們決定把這 800 美元投資在山姆身上。他們選了一種相對穩妥的投資 —— 美國中小企業發展指數基金。

山姆的父母出於各種原因，慢慢就忘記了這件事。直到過世的時候把這部分權益轉給了山姆。在 75 歲生日的那天，老山姆偶然間翻出了當年的基金權利憑證，向他的基金代理打了個電話詢問現在的帳戶餘額。放下代理的電話，他又打了個電話給自己的兒子。老山姆只對兒子說了一句話：「你現在是百萬富翁了！」老山姆的帳戶上有 3,842,400 美元！

故事中，老山姆那 800 美元本金所產生的報酬是讓人難以置信的，但是對美國市場 1926 年到 2002 年歷史資料的分析可以發現：投資美國中小企業股票 75 年的累積收益率是 4,803 倍，對應的以複利計算的年收益率是 11.97%；投資大公司股票的累積收益率是 1,548 倍，對應的以複利計算的年收益率是 10.29%。

75 年間，山姆經歷了 1929 年的股市大崩潰、1930 年代初

的大蕭條、1940 年代的二次世界大戰、1950 年代的人口爆炸、1960 年代的越南戰爭、1970 年代的石油危機和蕭條等讓眾多投資者傾家蕩產、血本無歸的種種危機。更為離奇的是，1990 年代的大牛市中，還有 90% 的人沒有賺到錢。為何山姆可以實現這麼好的收益？原因有很多，其中最為重要的原因是因為他選擇了基金並堅持長期投資。

因此從理論上講，我們假設像山姆那樣用 800 美元來投資一支平均業績的開放式基金的話，以複利計算，50 年之後，我們的資產就能達到 4,938,522 美元。

老山姆年輕時用那 800 元買基金，就像是種下一粒「金子」。幾十年後，這粒「金子」長成了一棵大「金樹」，直接讓山姆成為了百萬富翁。

你決定在幾歲的時候退休？

很多大公司的退休金都還有剩餘，因為有許多的「退休晚的人」，這些人在他們年老的時候還在繼續工作，並且 65 歲後退休的人在他們退休兩年內可能會死亡。換句話講，這些退休晚的人很快便死去，沒有領取他們應該得到的退休補償，這些多餘的錢還有剩餘沒人領取。

某專家提供了從壽命和退休年齡的保險統計裡研究得出來的重要結論，這些資料是根據發給波音航太部門的退休人員的

養老支票而得出的。

壽命與退休年齡的關係

退休年齡	平均死亡年齡
50	86
55	83.2
60	76.8
65	66.8

　　上表可以看出人們在 50 歲退休，他們的平均壽命是 86 歲；人們在 65 歲退休時，他們的平均壽命只有 66.8 歲。從這個研究可以得出一個重要的結論，就是一個人 55 歲以後每工作一年，就會平均減少兩年的壽命。

　　這些退休晚的人工作非常努力，可能對他們的身心都產生非常大的壓力，並且因為精神太緊張而可能使他們引發出各式各樣嚴重的健康問題，並且迫使他們退出職場。

　　那些早退休的人在他們退休後並不是真的很空閒，他們仍然繼續做著一些工作。但是他們只在更休閒的空間裡從事一些兼職類的工作，所以他們不會有很多的壓力。再者，他們享受著選擇的權利，選擇那些他們真正感興趣的兼職工作，所以他們更加喜歡在舒適的環境裡做這些「感興趣的」工作。

　　然而，當你漸漸變老時，你應該計劃一下你的職業生涯和

財務上的事情，以便你可以在 55 歲或者更早退休時過得非常舒適，去享受長久的，快樂的退休生活直到 80 歲或者以後的黃金時期。在退休後，你還可以享受來自那些真正你感興趣的和對社會有價值的工作上的樂趣，而且是在一個更休閒的空間裡。

另一方面，如果你不能在 55 歲時逃避一個高壓力的環境或者一個高速的戰場，並且「必須」繼續努力工作直到 65 歲或者更大，那麼你很可能在退休後的 18 個月裡死亡。在 55 歲以後繼續努力工作在一個高壓力的環境裡超過 10 年，你就可能放棄了平均至少 20 年的壽命。

避免因離婚而付出昂貴的代價

好的婚姻是兩個人共同經營的事業，但不是所有的婚姻都如此。就像有的人僅僅把工作做為職業，有的人做為終身熱情的事業一樣，婚姻也因人而異。但整體來說，婚姻是四位一體，有 4 個主要功能：

首先是情感功能，人是群居的動物，內心深處懼怕孤獨，所以要結伴，互相撫慰，互相溫暖；其次是性功能，婚姻雙方互為固定性伴侶；第三是養育功能，婚姻目前還是傳宗接代，撫養孩子的合理、合法方式；最後一個是經濟功能，婚姻本質是一份契約，是由兩個人自願簽屬的有限責任公司，彼此分

工，共同經營，使利益最大化。

　　從商人的角度考慮，結婚本身就是項重要「投資」。「成也蕭何，敗也蕭何」，人們說的「旺夫」，實質就是指成功的婚姻對家庭的作用，而失敗的婚姻對家庭的負面作用也不言而喻。

　　婚姻對財富的促進作用表現在三方面：

1. 一個有收入的太太，對希望創業的丈夫來說，是最大的安全感和精神穩定劑。不管是成功的男性還是女性，身後的伴侶大都發揮了極大的作用，有的甚至直接參與對方的事業。

2. 一個賺錢，一個理財。很多家庭中，賺錢能力強的一方往往由於工作繁忙而忽略管理賺回來的錢。一方賺錢，一方理財是個很好的搭配。我有位朋友，她先生是一家基金公司的 CEO，她自己的薪資收入雖遠不及丈夫，但卻對炒房很有研究。2003～2007 年，她透過炒房賺得的收益甚至高過先生賺來的薪水。

3. 家族結合的協同效應。婚姻不僅是兩個人的結合，更是兩個家族的結合。東南亞很多國家的經濟命脈集中在少數幾個家族手中，就是透過聯姻完成的。而長期與各大財團及首相家族的聯姻也是豐田等日本家族的抗風險手段之一。無論是《紅樓夢》中的寧國府、榮國府、史府、薛府四大府第，還是民國時蔣宋孔陳四大家族，都是透過婚姻編織起龐大的利益集團。不過婚姻到了這個分上，已經和交易沒有區別了。

　　但婚姻如果失敗，撇開對家人的心理影響不論，對經濟的

打擊也是強大的，離婚造成家庭財產分割的損失往往比投資理財的失誤更嚴重。離婚在金錢方面的損失就包括：財產分割、律師費、贍養費、子女撫養費、搬家成本等。

我認識一位林先生，45 歲不到卻已經結了 3 次婚，收入雖頗高，但要供養一個前妻和前妻的兩個孩子。雖然他的收入不斷增加，但隨著孩子們不斷長大，所需開銷也不斷增加，對現在的生活確實是個很大拖累。

而離婚對情感和信心的打擊更是金錢無法衡量的。人生最寶貴的是時間，事業的黃金時間最多只有 30 年，而很多不成功的婚姻會至少將雙方折磨 3 ～ 5 年。對有能力的人來說，蹉跎黃金時間的代價是最昂貴的。

為減少離婚的代價，婚前協議被發明出來。天后級歌星小甜甜布蘭妮就是因為預先一紙婚前協議的保護，才使自己的離婚僅付出 100 萬美元的代價。婚前協定通常保護較富有的一方，規定哪些財產不屬於雙方婚後共同擁有。

但這也是把雙刃劍。婚前協議主要保護的是財產，而財產的主要目的是換取幸福。簽訂婚前協議無非就是告訴自己的另一半「我不相信你」，這很可能會毀滅一樁原本幸福的婚姻。感情問題太複雜，不到萬不得已，不能輕易使用婚前協議。

第一章　理財規畫就是生涯規畫：制定富足一生的理財計畫

節儉是財富和幸福的最佳來源

　　在現代社會裡，95%的人在 95%的時間忙著賺錢，以邏輯來說，理當大多數現代人都能在他們的一生中成功致富，但實際的社會現象卻恰好呈現出相反的一面：根據聯合國的統計，只有 5%的人能達成經濟獨立的退休生活。在國民平均收入名列前茅的美國，擁有超過 250 元美金的人口當中，18 歲的年輕人竟然多過 68 歲奮鬥了一生的樂齡人士。

　　這到底是怎麼一回事？這些人辛勤奮鬥了幾十年的收入，到底消失到何處？許多人努力賺錢，打拚的主要原因無非是希望自己在退休後，能夠停手不停口，繼續享有經濟獨立的生活，但能真正達致此目標的人確實少之又少。

　　一般人察覺到這種現象之際，往往誤以為是收入不足，因此會更努力的打拚賺錢，然而只有少數懂得量入為出的人，才會明白真正讓他們財務成功的要素是節儉的品格。

　　錢可以給人自由，同樣會成為絆腳石。而節儉可以幫助我們更好的管理和分配金錢，該花的錢我們應該毫不猶豫的花，但是不該花的錢如果被我們花了，這就是罪過了。

　　如果一個男人把多餘的錢都用在喝酒上、個人享樂上，很少為一家人以後的生活做準備，那麼，當這個家庭有意外發生時，這一家人就有可能陷入窘境，甚至淪為乞丐。還有什麼比

這更殘忍的嗎？

在現實生活中，這種輕率的行為存在於社會的每個階層。無論是靠祖上基業獲得萬貫家資的富人還是勉強糊口的窮人。說自己無法做到節儉的那些人，要麼是過著揮霍、奢侈浪費的生活，要麼就是沒有想清楚應該怎樣花錢。

也許你要對此感到奇怪，但是這種現象恰恰就在我們的周圍比比皆是。正如我前面講過的那樣：許多人賺錢時非常勤勉，但是在花錢時他們卻不知道如何精打細算。他們有足夠的技能和勤勞去賺錢，但在花錢方面，他們卻缺乏應有的智慧。

人在茫然的時候往往就會向人性當中的劣根性投降，一些及時行樂的想法就會趁機控制人們的頭腦，我們可能就會不考慮後果向它低頭了。實際上，我們只要有一份清醒的認知和堅定的意志，完全可以為將來更安穩、更有保障的生活而控制這一想法，避免一時的過度花費。

不要以「生活節奏太快了」、「生活的壓力太大了」為藉口，放縱自己在物欲上的沉迷。如果我們就此把賺來的錢都花掉，如果我們努力使自己變得富有的企圖就是為了表面的輝煌和燦爛、浮華和樂趣，為的就是過花天酒地的生活，那麼當我們花掉這些錢的時候，同時也扔掉了原本幸福安穩的生活。

蘇格拉底曾建議一家之主們：要借鑑他們鄰居的節儉做法，

把他們所有的東西用到最值得的地方，這就是最大的節儉。

我想，蘇格拉底的這番話向我們揭示了節儉的真諦——節儉就是最有效的使用好你手上的錢，把好鋼用在刀刃上。而不是要人們守著金錢過苦日子，將一分錢掰成兩半花，甚至像守財奴一樣，守著一屋的金子卻讓妻兒過著吃不飽穿不暖的日子。守財奴、吝嗇鬼的生活恰恰是節儉主義者所要摒棄的東西。它對我們的生活沒有任何建設性的意義，相反卻將人們與貧困和短視捆綁在了一起。

除了一些心智失常的人，沒有人會甘願擁抱貧窮，而節儉的本意也正是要我們遠離貧窮。英國詩人山繆·約翰遜十分了解貧窮的特性。他曾經把自己署名為「沒飯吃的人」。他曾因為貧困流浪街頭，不知道晚上睡在何處。他永遠都不能忘記早年生活的貧困，他總是建議他的朋友和讀者要遠離貧窮。

約翰遜說：「貧窮奪走了可以用來做好事的金錢，我們要千方百計遠離貧窮。下定決心不做窮人吧！不管你有多少錢，盡量花得少一點。我們要花錢的前提就是我們首先要有足夠的錢。

「貧窮是幸福的最大敵人，它必定破壞自由。那些認同我這個觀點的人們，不管在哪個方面，都應學一學我們節儉的祖先，學會減縮開銷這一令人敬佩的藝術。因為，沒有節省，就沒有人能變得富有；而學會節省，就很少有人會貧窮。

「當我們把節省看成是一種必須的時候，我們就不會把它當成是一種負擔。原先不肯節省的人就會很驚訝的發現，他每週存下來的幾便士、幾先令會使自己獲得心理上、智力培養上的提升。」

而羅馬共和國時期的西塞羅關於節儉的主張則更為一針見血，他說：「節儉是財富和幸福的最佳來源。節儉是謹慎的女兒，節欲的姐妹，自由的母親。」

節儉也是一種準備，是你為成功累積的物質基礎。這些累積對於任何人都是重要的，如果沒有這些累積，我們的致富道路將舉步維艱。

一個懂得珍惜的人勢必是一個節儉的人，因為他明白如何珍惜得來不易的事物。我們應該珍惜自己的工作成果，沒理由在辛苦工作之後將自己的所得肆意揮霍，那是對自己的不尊重，更是對生活的報復。這樣的心態是不可取的。

如果到目前為止，你依舊希望自己會成為一個富有且自由的人，那麼就必須把節儉看作是自己的責任，並且要堅決的貫徹執行於致富的過程中。

這就如同你的本錢，如果把本錢都花光了，何談創業，又何談發展。只有把節儉當作義不容辭的職責的人，才不會在小的利益面前迷惑了雙眼，忘記了自己真正的使命。

沉著冷靜的頭腦總是必須的，節儉就像一味鎮靜劑，它會時刻提醒你：記得你的理想，記得你的目標。

我們也會有老的那一天

現在為將來做準備，今天為明天做準備，年輕時為年老時做準備。

全世界都有個共同的現象，就是老年人比年輕人更節儉，對價格更敏感，更不敢消費，原因很簡單，他們的收入和財產有限，只能節約些。全世界每代人都如此，所有的年輕人都不覺得老了以後自己的經濟會成為問題，等真的老了就發現錢不夠。

在很多中青年人的潛意識中，養老並不是一個很值得重視的問題，可以「明天再說」。這可能和目前已退休的老年人的生活狀況有關，他們以前的工作都由國家提供，現在養老也由國家負擔。所以這也導致現在年輕人的理財目的中，養老始終不如創富重要。其實人一到 50 歲後職業抗風險能力會迅速下降，一旦遇到經濟衰退，50 歲以上的人找到好工作的機率會遠遠小於 30 多歲的人。現在不為老年提前準備，屆時一定會有麻煩。

政府為個人準備的退休金不足是世界性的難題，想過上富足的晚年生活，任何人都不要幻想僅透過政府提供的養老金就

能實現，只能靠自己。

即使美國也遇到社會福利不足的問題，美國在第二次世界大戰後「嬰兒潮」出生的人，如今即將面臨退休。美國人儲蓄率低，50歲以上的美國人，銀行帳戶平均只有4萬多美元，這麼低的現金儲備如果想應付養老，應該會是個頭痛的問題。

而日本目前65歲以上的人口已占總人口約20%，相當於每五人中就有一位老人。這批超過法定退休年齡的人中，有很多仍然在工作。我父親去日本旅遊，發現很多計程車司機的年紀比他還大。原因很簡單，因為日本的低出生率加速社會高齡化，日本人若不延遲退休，光靠政府退休金是難以為繼的。

為過上富足的老年生活，主要途徑有兩個：一個是延長退休年齡，比如做到65歲，這是多數現代人最不喜歡的事，甚至許多人恨不得45歲就退休。另一個就是養老投資。

關於養老投資計畫，全球最著名的就是美國的401（k）計畫。即企業為員工設立401（k）帳戶，由員工將每月收入的一定比例投入該帳戶，企業也按一定比例向該帳戶存入資金，將這筆資金投入各種投資基金，員工也可自行選擇投資品種，並在退休時選擇不同方式領取。我在美國工作的朋友，到新公司報到時都會得到一張表格，上面有各種不同基金的名稱，然後自己打勾確認需要的品種，屆時401（k）計畫的資金就會投入

相應品種。所以儘管美國人儲蓄率低，但依靠長期投入的 401
（k）計畫和 20 年大牛市的配合，多數美國老人的生活還不錯。

　　即使沒有 401（k）計畫，但也有可行的替代方案，就是基
金定投，以養老為目的的基金定投需要注意幾個要點：

1. 養老準備要開始得早，至少先於退休年齡 10 ～ 20 年。
2. 主要以股票類基金為主，經濟的長期發展將熨平短期波動。
3. 不要在市場下跌時停止投資，甚至離開市場，歷史證明這往往
   是攤低成本的好機會。
4. 越臨近退休年齡，越需要逐步退出市場，因為最後幾年市場的
   波動會顯著影響整體受益，此時需要考慮落袋為安。

　　「人無遠慮，必有近憂」，如果自己不想等老了過清苦的生
活，就一定要提前為自己的老年做好準備。

如何少花錢又過體面日子

　　省一塊錢要比賺一塊錢容易多了，把日常開銷節約 10％，
生活其實沒有任何改變。與開源相比，節流容易得多，你無須
失去與家人朋友相處的時間，也並非提倡我們把自己的目標
放低，恰恰相反，其實是希望我們把對生活的要求，再提高一
點。我們需要的只是一些小小的技巧，把時間和金錢用在那些
真正想要，並且物有所值的東西上，而不要浪費在沒用的地

方。一旦我們做到了這一點，就會發現：節儉，其實是件快樂的事情。

在進行各項細節培訓之前，先說幾個通用原則：

1. 每月領了薪水之後第一件事是把薪水的一部分存成定期。至於百分之多少，就自己掌握吧，但別少於百分之十，否則這件事就沒意義了。

2. 交朋友要謹慎。你的交際圈在很大程度上影響著你的消費。多交些有良好消費習慣的朋友，不要只交那些以胡亂消費為時尚，以追逐名牌為面子的朋友。不顧自己的實際消費能力而盲目攀比只會導致「財政赤字」。此外，別和小氣的人做朋友，別輕易借錢給朋友。

3. 也許你不屑把男人當成提款機，但也千萬不要變成某個男人的ATM。

4. 為自己制定一個目標。比如，一年內買名牌包，兩年內買車，五年內買房。

接下來，就要從細節出發了。開始學習吧。

生計

想過你每個月花在購買各種雜誌上要花多少錢嗎？那些又厚又重的雜誌也許只是送了你一個沒用的小化妝包，你抽屜裡不是還扔著 10 幾個沒用的小包包呢？既然你的朋友或同事也會

買，為什麼不借來看呢？而且，不看又有什麼關係呢？別擔心自己跟不上時尚的腳步，家有 google，萬事不愁。

　　手機資費方案將吃到飽改為限制留量方案。這樣起碼有兩大好處——

1.　提升手機耐用時限：你不用為了賺回每月吃到飽的錢整天開著手機看影片、玩遊戲，讓手機電池與硬體提早損耗。

2.　不浪費時間：不整天滑手機，你就有很多時間用來做別的事情。哪怕是睡覺呢，這是最經濟實惠的美容方法。

　　記得出門前要關上所有的燈。如果害怕深夜回家開門的時候會害怕，就把所有的燈都換成節能燈泡。

　　如果有可能，把所有的家電都換成節電型的。

我們幫你算筆帳

· 燈泡：一個普通 40 瓦白熾燈泡 8 ～ 18 元，同樣亮度的 8 瓦節能燈管在 50 元左右。按日照明 6 小時計，8 瓦節能燈每年可節電 70 度，一年可節約 200 多元。若考慮使用壽命，省錢能力更強。

· 電冰箱：在相同材料、相同容積、相同等級功能的情況下，一臺節能冰箱一般要比普通冰箱高出 1,500 元～ 4,000 元。但是，每日耗電 0.5 度的節能冰箱與耗電 0.9 度的普通冰箱

相比，一天可省 0.4 度電，一年可省錢 450 元左右。

· 冷氣：目前在相同規格下，普通冷氣和節能變頻冷氣兩者的差價不過幾百元。按夏冬兩季共運轉 120 天，每天開機 5 小時計，功率 2,500 瓦、能效比為 3.0 的節能冷氣與能效比為 2.5 的普通掛式冷氣比較，一年可省 900 多元，節能冷氣比普通的 1.5P 掛式定速冷氣每年可節省 600 元。

· 洗衣機：相同容量下，節水洗衣機與普通洗衣機差價 2,500 元左右。以 5 公斤容量、平均每週洗三次計，一年可節水 7.2 立方公尺，節約水費 60 元左右。用普通雙筒洗衣機，別用滾筒的，至少在你突然想起還有衣服要放進去時不至於打不開門。

· 馬桶：6 升抽水馬桶價格在 3,500 ～ 4,500 元，中檔的 3/6 升兩用馬桶價格在 3,750 ～ 5,500 元。以 3 人每人每天沖水 5 次計，6 升比 9 升馬桶每月可節約 11 元，用兩段式的一年可節約 135 ～ 200 元。那種能自動沖洗屁股的高科技產品等嫁了個好老公之後再用也不遲。

找兼職工作

比如，開個網路拍賣的帳號，將家裡沒用的東西放到網路上，說不定下個月你就能買那件心儀已久的外套了。上班族兼職是一種常見現象。兼職職位有高有低，需要根據各人的能

力、機運而定。不過，不管任何兼職，都可以鍛鍊能力、累積經驗，同時還可以累積一定量的資金，又不占用上班時間，不用放棄目前的工作，正好能夠彌補想創業的上班族的短處，可謂一舉兩得的好事。但是上班族在選擇兼職的時候，一定要注意與自己的特長和未來發展的方向相結合。兼職是為了縮短自主創業的距離，縮短從受僱者到老闆的距離，如果陷入到為兼職而兼職，為眼前的一點蠅頭小利斤斤計較，而忘記了對自己能力的鍛鍊和資源的累積，那就有點得不償失了。

吃、戒菸、戒酒

別吃零食，也許口香糖是必須的，但洋芋片就算了吧，200克洋芋片的熱量你需要逛街 5 個小時才能消耗掉。那些包裝得花花綠綠的美味，實際上是減肥者的天敵、健康的絆腳石。

外出吃飯的時候打包，可以當作第二天的午餐。

誰請你吃飯都可以。一兩個小時的時間能有多無聊呢？

盡量自己做飯。盡量請朋友到家裡來吃飯。請客之前，去超市買普通的紅酒，回家之後裝進漂亮的盛酒器或者高級紅酒瓶中。別擔心，沒人喝得出來，除非他是品酒專家。而且，一般人根本就想不到你會這樣做。

既然說到在家請客，就順便說一下餐具的購買和家裡的細節布置，這十分重要。購物中心裡的骨瓷餐具漂亮吧，價錢

也漂亮。但到外銷餐具的小店都能買到，價格只有一半。相信我，這會讓你的家庭宴會顯得特別可愛。而且即使菜做得不那麼好吃，放在這樣的餐具裡，也變得和大飯店裡的菜品一樣誘人了。

買全套的北歐家居是沒必要的，細節之處才能看出一個人的品味。平時多看看生活類的電視節目，相信自己有一雙巧手，變廢為寶指日可待。

不要去超市買菜，去菜市場買菜的時候也別穿得太光鮮，不方便，而且會被攤販漫天要價。

讓食品櫃盡量保持差不多空的狀態。你能吃多少呢？浪費食物就是浪費錢，而且挺可恥的。

別買非當季水果，比如冬天的芒果和西瓜。對身體沒好處。知道什麼水果對身體最好嗎？四季都有的蘋果。

知道什麼是最好的護膚品嗎？自己煮的湯和自己做的面膜，還有充足的睡眠。

購物

首先要強調的是，絕對不要放縱自己在心情不好的時候去購物中心或超市。發洩有很多種方法，或者說有很多種花很少錢就能達到效果的方法，刷爆信用卡，只會讓我們在痛苦之餘又多了焦慮的情緒。如果你根本不擔心沒錢還信用卡，那幹麼

還看這篇文章？

　　去超市的時候用手機計算價格、帶上各種折價，應且事先花一個小時仔細確認自己到底要買什麼，寫在記事本上。在結帳之前，如果發現自己真的按照購物清單執行了這次購物，可以獎勵自己一件小小的奢侈品，比如放在結帳出口附近的小塊巧克力。

　　站在紙巾和衛生紙的櫃檯前仔細計算哪種牌子更划算，沒人會笑話你，王菲還這麼做過呢。

　　洗髮精、香皂、洗衣粉……能買「家庭號」的就買家庭號。趁網路大拍賣一次採購大量儲存也是好的選擇。

　　下面來說一說非日用品的購物，比如，去購物中心血拚。這裡面的學問就更大了。

　　我們都喜歡在購物中心打折的時候去瘋狂購物，可是在這樣的時刻，理智比鼓鼓囊囊的錢包更被我們所需要。就像去超市之前一樣，在去購物中心之前也要仔細想清楚自己到底需要什麼。一雙原價 9,000 元的長筒靴現在只買 2,500 元，真誘人對不對？先想想你的衣櫃裡到底有沒有衣服來搭配，如果沒有，連試都別試。銷售小姐的口才和買到廉價品的快感不值 2,500 塊錢。

　　密切關注你喜歡但當時買不起的服飾，減價的時候立刻購

買；不買非當季水果，但可以買非當季衣服；與其買塑身內衣，不如拿這筆錢去報一個健身課程。

在專櫃試衣服是不需要花錢的。在專櫃上試好後去小店裡找樣式幾乎一模一樣的。

別輕易嘗試在網路上買衣服，得不償失。如果你執意如此，建議你在網路上買那些現實中你真的試過的、知道大小號碼與質地的、並且價格比購物中心便宜的東西。別相信照片。我們一個編輯前些天就貪圖便宜在購物網站上買了件 500 元的比基尼，它在圖片上看上去美極了 —— 但是拿到實物後發現，只要稍微一動，立刻三點畢露。500 塊錢就這樣飛了。

可以在網路上買日用品、小東西。記住貨比三家；也可以買一兩件品牌的小飾品，比如鑰匙包 —— LV 的就算了，幾千塊呢，你無法保證那是不是仿冒品。

可以免費辦理各種購物中心、超市的會員卡時，辦一張沒壞處。集點卡也挺不錯，記得隨身攜帶。現在都還有 APP 不用帶卡的方便性，只要有帶手機就搞定。

要做金錢的主人，而不是奴隸

「錢是工具，人是主人，我們應該是金錢的管家。」

很多人只知道為金錢而拚命工作，以致一生都在財務困難中掙扎，他們盲目追求社會上所推崇的「致富之道」，而缺乏理財的技能。曾經有一個被人說爛了的「東方老太太和西方老太太」的故事，她倆由於生活觀念不同而帶來截然不同的人生結果：西方老太太從年輕時就開始超前消費，花未來的錢，她生活雖十分緊張，但卻充實而快樂，至死恰好把銀行的各項貸款都還清，安然地閉上了眼睛；而東方老太太從年輕時就開始定期儲蓄，一生勞碌，省吃儉用，病痛纏身，為子女留下一筆可觀的遺產，孝順的子女為她舉辦了風光的葬禮，可她生前幾乎沒有享受過什麼福。

　　因此，是做金錢的主人還是做金錢的奴隸？是一輩子都在金錢的泥沼中掙扎，還是讓金錢成為我們幸福快樂的泉源？我們每個人都必須認真的思考。真正具備生活智慧的人不是苦行僧，他們會追逐財富、享受財富，而不會做金錢的奴隸。

　　對財富、金錢的不懈追求並沒有什麼錯，只是一個真正懂得生活的人應該會明白，生命裡不是只有賺錢這一件事，還有很多重要的東西，如果讓賺錢本身將生活填得滿滿當當，容不下其他，即使有再多的錢，好日子也不會到來。

　　美國富豪洛克斐勒，一生對財富孜孜不倦的追求，一點小的投資失誤，都會令他痛不欲生。他 50 多歲的時候，全身到處都是病，心力交瘁，仍然念念不忘對財富的追逐。在一次大

病後，醫生警告他，再這樣下去，將來日無多，洛克斐勒終於讓自己的心靈在瘋狂的賺錢中停了下來，他苦思冥想了一週。病痊癒後，他終於明白了，生命中應該擁有的不僅僅是錢。此後，他像完全變了個人似的，大把大把的將自己的錢捐助給公益事業，今天的青黴素，是他捐錢資助研究的成果，而他本已非常糟糕，臨近崩潰的身體，卻奇蹟般的好轉，最終他活到了古稀之年。

成為富翁，只須做對五件正確的事情

富翁第一守則：購買房產的幾個寶貴經驗

很多人都能成功的從房地產獲利，有幾個重點他們大多能掌握。

1. 價錢合理否？千萬不要與別人討論房價是否合理，你將會聽到很多相反的意見，但不知誰對誰錯。其實，兩個有科學、有理智的指標可以幫助你來決定。

    A.「收租報酬率」—— 在第九章提及，這裡不再多做解釋。

    B. 房價的十年圖，或更多長遠前景。

不論是房產還是股票，長遠來講都是有一個週期的。股票一般是七年期，房產一般是十年期，由高峰至低谷再至高峰，

為一個週期。

　　拉開十年圖，它以前的高峰在哪裡，低谷在哪裡，現在約是在什麼水準，一目了然。當然，要找到一張十年圖，需要費點心思，只有很專業的房地產商或估價師才有這種資料。

2. 第三個指標：沒人買的時候便宜，多人買的時候貴。

3. 只買大城市的房產。大城市永遠都有租客市場。有人買了 A 小鎮的房產，五年後，同時間的 B 城市房產已升了一倍，A 小鎮的還在微跌，賠了兩成才賣出去。A 小鎮相對 B 城市而言，經濟發展較慢，沒有租客撐起市場。

4. 付五成頭期款，還款期不要超過 7 年。

富翁第二守則：國際基金、股票

　　兩個守則要記牢：

1. 股票市場崩潰超過 50%，要開始每月累積。定期定額的股票／基金儲備計畫，是金融界最偉大的發明。

   所有國際股票市場，一般都是 7 年為一週期，即高峰—低谷—高峰。

   在低谷時，不要焦慮，每月定期定額，3 ～ 5 年收穫，一般都可以賺 1 ～ 2 倍。

   客戶用這方法，在每個國家危機時購進，賺了三四次，每次都賺 1 ～ 2 倍，沒有風險。因為在最低點，少量買進，但要有耐

性，要等 3 ～ 5 年才收穫。

2. 當市場旺盛時，它已經差不多接近高峰，可以追入，但要記住，是短線作為，三個月至半年要放。

市場一旦崩潰，第一天可以掉 30%，幾天後掉 50%。你不在高峰時錯過時機放掉，便可能被套牢，白高興一場。

富翁第三守則：債券／銀行存款利息

當銀行的利息達到 5% 以上的時候，客戶們可以什麼都不做。因為利息 5% 以上已經是房產合理的收租報酬率，況且放在銀行收息，自動存到你的帳戶，省得像房產還要去收租。

當利息有長期下降的趨勢時，購買債券如果能達到 5% ～ 7% 的利息，也是一個既穩定又不冒風險的方式。

你要當富翁，懂得購買國際債券是一項不可缺少的知識。

富翁第四守則：家庭

懂得理財，是每個富翁的必經之路。理財之外，家庭也要安排妥當，要有一筆「安家費」放在太太的帳戶。

有兩個富翁個案，兩位事業都相當成功，所有資金都投到下一個專案裡，非常自信。但人算不如天算，一個厄運來臨，翻不了身，幾乎破產，一毛錢都沒剩下給家人。太太及孩子的生活都成了問題。

在你風光時，一定要安排一筆大額「安家費」，說不定有一天，你要靠這筆在你太太帳戶的資金來翻身。除了傳給孩子財富，你也要給他們一些你的時間、你的智慧，說不定對他們更有用。

富翁第五守則：健康

不要贏了全世界的錢，輸了健康。為了打拚，40 歲後身體的毛病多起來的，屢見不鮮。

人們賺錢的最根本原因，就是讓自己和家人生活得舒適一點。賺錢是為了生活，但生活不是為了賺錢，不要變成錢的奴隸。

生活舒適一點，幾百萬已足夠。要賺取千萬、億萬，將要犧牲你所有私人的生活及時間，家庭受影響，健康受影響，你覺得值得嗎？

每個人都有不同的決定，沒有對與不對，人的一生，每人都只能走一趟。你的經歷，或讓人羨慕，或令人嘆惜，然而自己幸福與否，只有自己才知道。

第二章　頂級理財師的殺手鐧：

千萬富翁更是一種人生態度

學會用富人的方式去思考

關於如何創造財富，洛克斐勒曾經有一段經典的論述：「哪怕讓我傾家蕩產，全身扒光，把我丟在沙漠裡，只要能夠給我一點水，再有一列商隊經過，我仍舊可以成為億萬富翁。」也有人這樣評價美國前總統川普：「即使你搶走他的一切，只要給他一點時間，他又會恢復到今日的身價。」

可以毫不誇張的說，這個世界上 99% 的人每天都在思考這樣一個問題：有錢人為什麼會有錢？ 安德森也在思考這樣的問題。

安德森發現，在美國這樣一個充滿機會的國家當中，有錢人只占人口總數的 5%，有 95% 的人都只是在維持生活，他希望自己能成為這 5% 的人中的一員，所以他想破了腦袋想弄明白一個問題：有錢人到底是怎麼想問題的？

為了尋找這個祕密，他「採訪了無數百萬富翁，閱讀了 20 多本關於如何成為百萬富翁的書，收聽了 400 多小時關於如何致富的 CD……」

他所找到的祕密立刻扭轉了他的生活，就在兩年前，他還只能勉強度日；兩年後，他卻已累積了數百萬身家。

安德森之所以能夠在兩年之內將自己的資產從 25 萬美元提

升到 300 萬美元，關鍵就在於他摸清了有錢人在 7 個問題上的獨特思維方式：金錢、投資、工作、風險、智慧、時間和困難。

在這 7 個問題上，占美國人口總數 5% 的有錢人和其他 95% 的普通人有著不同的思考。

95% 的普通人認為「錢賺來就是花的」，他們相信，「投資是有錢人才能做的事」，「要想賺大錢，最可靠的途徑就是努力工作」，「只有安穩的生活才是幸福的」，「即使是進行投資，也要首先想到規避風險」；他們總是想著要避免自己的生活「出現問題」，總是在不知不覺中揮霍自己的時間，每天生活在無憂無慮之中，只有在遇到麻煩的時候才會想到臨陣抱佛腳，而對於那 5% 的富人來說，他們的想法和做法則截然不同！

記得有一本書曾經說過：「窮人與富人的距離，其實只有 0.05 公釐。」0.05 公釐的距離，甚至遠不如一張紙的厚度，但它卻足以將一個人阻擋在富人的世界外。

一個人的思想，決定了他的成就。如果你腦子裡每天充斥的都是窮人的想法，你這輩子恐怕就只能做窮人了；反過來說，如果你從現在開始學會用富人的方式去思考，你的命運就一定會發生改變。

人的一生是一個不斷突破自我的過程，無論是窮困潦倒時的靈光一閃，還是錦衣玉食中的恍然大悟，人生的每一次改

變，都源於我們內心的改變。生命之美就在於此。

　　一位哲人曾經說過：「一個生下來就窮，到死還是窮的人，和一個生下來就富，到死還是富有的人相比，他們的一生其實沒太大差別。」道理非常簡單，他們都沒能戰勝自己，沒能在自己的人生道路上實現突破。

　　所以說，人是自己最大的敵人，因為一個人最難戰勝的，其實是自己。對於那些期盼自己的生活能夠有所改變的人來說，你首先需要的，就是審視自己的內心，反思自己的思維，或許改變的契機就在這一轉念之間。

為自己確立一個宏大的目標

　　為自己確立一個宏大的目標，你就能得到一個宏大的結果。如果你的目標非常渺小，你所得到的結果也就會非常渺小。正像你在下面的故事中將要看到的那樣，真正能夠決定你的人生所能實現的成就大小的，其實就是你自己。

　　有一天，一群討債的傢伙來到一位女人家裡，威脅說要帶走她的孩子們。因為除了幾個孩子之外，這女人一無所有。

　　萬般無奈之下，這女人只好去找以利沙（《聖經》中的人物。以利沙是先知以利亞的門徒，創造許多神蹟，幫助有需要

的人。）求助。

以利沙問這女人家裡還有什麼。女人說自己只有一點油了。

以利沙告訴女人：「回家去，找到妳所有能找到的瓶子罐子等容器，妳可以從鄰居那裡借，總而言之，妳要想盡一切辦法來找到盡可能多的容器。」

女人聽了以利沙的建議，找到所有容器之後，她開始準備把油倒進自己剛剛借來的容器裡。在開始倒油之前，她關上了所有的門窗，然後開始倒油。

讓女人大吃一驚的是，眼看快倒滿所有的容器，可油還是源源不斷的冒出來。當最後一個容器也被倒滿之後，油終於停止了（記住，只有當容器用盡的時候，油才會停止）。

然後，她和孩子們開始拿著油去大街上叫賣，最終用賣油得來的錢還清了債務，並用剩下的錢快樂的度過了自己的一生。

我們從這個故事中可以學到很多。

首先，你必須願意採取行動。在這個故事中，女人至少需要去向人求救，去四處搜集容器，並把油倒進這些容器裡。就算上帝想要讓你變得富有，你也必須有所行動 —— 天上不可能掉餡餅。想要獲得，你必須首先付出。你必須採取行動，付出你的時間、精力和資源讓你的生意開始轉動。

其次，你需要確定一個宏大的目標。在這個故事裡，直到

女人用光了自己的容器，油才停止流出。如果她讓孩子們找來20個容器，她就可以得到20罐油；要是找來30個，她就可以得到30罐油。真正決定最終結果的正是她自己。

你在生活中所獲得的一切成就都要歸功於你所確立的目標。如果看不清自己的目標，你就不可能得到自己想要的結果。你必須學會用一種更加長遠的方式去思考。

如果這女人再多找5個罐子，結果又會怎樣呢？她可以多得到5罐油。你這一生能夠獲得怎樣的成就呢？要想獲得更大的成就，你首先需要改變自己對於人生的期待，讓自己的目標變得更加宏大。這一切都完全取決於你自己。

要知道，億萬富翁都是為自己確立了遠大目標的人，他們內心深處都有一個無比宏大的目標。他們不會說：「努力工作，要是有一天，我每年的收入能達到10萬美元就好了！」而會說：「來吧！我們創辦一家公司，一年賺它個幾十億美元。」這時你會意識到一件非常有趣的事情：一個人的夢想越大，他所得到的結果也就越宏大。

目標的規模決定了收穫的大小

如果你只是想擁有一家小公司，只有幾名員工，那麼最終你的事業規模可能就只有那麼大。人們常說：「只有小鳥才能飛翔。」可一個人只要有欲望，只要他想飛，他就可以找到讓自

己飛翔的辦法。直到上個世紀中葉的時候，仍然沒有人相信人類可以踏上月球，可正是在這個目標的激勵下，人類最終踏上了月球。

如果你總是擔心一件事情不會發生，那它很可能就不會發生。但如果你堅信它是可能的，那你就會不惜一切代價讓它成為現實。

我也為自己確立了一個宏偉的目標：我希望自己能有 10 億美元，這樣我每年就可以捐出 1 億美元。我想成功，這樣我就可以有能力讓更多的人走向成功。我知道很多人可能覺得我的目標有些過於宏大了，可我堅信，只要我認為它是可能的，而且我願意為此付出足夠的努力，這個目標就很可能會變成現實。

自制力也能帶給你鉅額財富

假如我告訴你：「如果你能戒掉抽菸的習慣，我可以給你 300 萬美元」，你能做到嗎？其實，戒掉生活中的這些壞習慣或許可以為你節約數百萬美元。

如果能改掉一些壞習慣，你一生當中就可以省下數百萬美元，所以說：「自制力能帶來財富。」

不妨把這一點跟前面講過的「預算」部分結合起來，透過

59

戒掉壞習慣為自己累積更多資金，然後將其用於投資，以幫助你更好的實現自己的人生目標。舉個例子：如果你每天喝 3 杯可樂，你 1 天就要花掉 4 美元。每週 7 天，也就是 28 美元。這聽起來似乎並不是大數字，但如果以年為單位來計算，你每年就要在可樂上花掉 1,456 美元。如果你把這筆錢用於投資，按照 10% 的收益率計算，一年之後你的收益將達到 1,601 美元 [1456×（1+10%）≈ 1601]。如果按 20 年計算的話，你在可樂上的投資收益一共是 8.9 萬美元（每年多加 1,456 美元的本金。）；如果按 30 年計算，你的收益將是 25.7 萬美元；按 40 年計算，你的收益將是 69.2 萬美元；按 50 年計算，你的收益將達到驚人的 300 萬美元。所以如果你在 18 歲的時候戒掉喝可樂、抽菸以及速食 3 項開銷的話，等到 73 歲的時候，你把所節約下來的錢用於投資後的收益將達到驚人的 900 萬美元。

經常有人告訴我，說自己根本沒有錢用來投資，我總說：「戒掉抽菸的習慣，這樣你就有錢了。」

在行動計畫中，你可以寫下所有每天會花費你 4 美元的習慣，那麼透過戒掉每項習慣，那麼 10 年後你就可以節約下 2.5 萬美元。（不妨假設一下，如果你在 1995 年開始停止喝對你身體有害的蘇打水，你現在就可以省下足夠的錢來買輛新車；如果你改掉 4 項壞習慣，你現在就會有 10 萬美元用來投資了。）不僅如此，隨著時間的增加，你所累積的財富也會快速的增加。

　　美國人一般都會有 3 個壞習慣。我所謂的「壞習慣」，指的是那些會讓你上癮，耗費你大量金錢的習慣。比如說星巴克、香菸、蘇打水、速食食品或者擁有 7,000 個頻道的有線電視。每個正在讀這本書的人每天至少都會因為這些壞習慣而花掉 12 美元。

　　如果你每天抽 1 包或 2 包香菸，喝 3 杯蘇打水，或者是一個星期吃 4 次速食，或者喝 3 次星巴克，這就說明你擁有 3 項壞習慣。10 年之內，這些習慣將耗費你 900 萬美元。

　　設想一個男孩在一次一夜情當中讓女方懷孕，他該怎樣撫養這孩子呢？就這樣，由於缺乏自制力，他就不得不承擔起撫養孩子的重任。而正像我們在前面說過的那樣，僅僅是撫養孩子，你就需要花費數百萬美元 —— 絲毫不亞於 4 項壞習慣所需要的花費。可如果你能有足夠的自制力，不去發生一夜情，20 年的時間裡，你就等於節約了 36 萬美元。如果你能將這筆錢用來投資，那麼，大概 35 年之後，你就可以得到 1,000 萬美元 —— 這無疑是一個驚人的數字。

　　有趣的是，所有人都有自己的壞習慣，但我們並沒有意識到的是，正是這些習慣在阻礙我們前進。它們想讓我們脫離正確的軌道：我必須喝可樂，必須抽菸 —— 我們感覺自己的確需要這些東西，可事實上，它們不僅在傷害我們的身體，還在偷取我們完全可以投資未來的資金。

可悲的是，我們甚至沒有意識到這一點。我們會告訴自己：「僅僅只是 4 美元。」可事實上，這些東西正在慢慢偷走我們投資未來的能力。

正像前面說過的那樣，我之所以在本章後面附上行動計畫，目的在於幫助你確立自己的人生目標 —— 而人生目標正好可以幫助你更好的培養自己的自制力。除非我把你喚醒，告訴你如果你能戒菸的話，我就會給你 300 萬美元，否則你很難有動力去戒菸。有多少人會為了得到 300 萬美元去改掉喝可口可樂的習慣呢？我想這正是我們所需要思考的。

不妨告訴自己：「只要我能改掉這個習慣，就會有人給我 300 萬美元。」可能你會有 4 個壞習慣，這樣你就會有更多的錢用來投資，這些資金又會自行增值。當你有了 2.5 萬美元存在銀行的時候，你就會吃驚的發現自己居然有了那麼多可以隨意支配的資金，比如說你可以從銀行貸款。當你在銀行的存款達到一定金額的時候，他們就會說：「好吧，如果你需要的話，我們可以貸給你更多錢，拿去用吧。」這樣的話，你就可以支配更多別人的，而不僅僅是自己的資金。

一旦你的帳戶存款達到了 2.5 萬美元，銀行就會突然願意借給你更多的錢。一旦有了更多的錢，你就可以用來進行投資，去努力實現自己的夢想。

　　現在就開始行動吧，列出自己的壞習慣，把它們記錄下來，張貼到一個讓你一早起床就能看到的地方。比如說你可以把它貼到冰箱門上，這樣每次要喝可樂的時候，你就會看到這張紙條，這時你就會告訴自己：「哦，我的天吶，這要花掉我1,200萬美元啊！我才不會這麼浪費呢！」

　　如果你能夠進一步提高自己的自制力，將你收入的10%用來投資，那會發生怎樣的結果呢？即使你一直沒有得到加薪，你每小時只能賺到10美元，你需要拿出其中的10%，也就是每週40美元，用來進行投資，這也就等於你改掉了1.5個壞習慣。而且這還只是簡單的投資，不包括房地產投資。只要能夠堅持下去，50年之後，你所節省下來的這筆資產就能達到450萬美元。如果你能同時再改掉3個壞習慣，你就會有1,350萬美元的資金。這時你就會吃驚的發現，改掉這些小小的壞習慣居然可以為自己帶來如此龐大的收益。這是一個非常有趣的數字遊戲，一旦省下2.5萬美元，這筆錢就會立刻開始為你工作。把它存到銀行裡，你就可以用銀行貸款來進行投資，不到10年之後，你就可以用這筆錢賺到成百上千萬美元。也就是說，即使每小時只賺10美元，改掉壞習慣卻可以讓你賺到數百萬美元。

　　好了，現在就開始，在行動計畫上寫下自己決心改正的壞習慣。

每個人都要有正確的金錢觀

　　一些人在富起來以後，沒有一個正確的金錢觀，為錢所累。迷茫、彷徨籠罩著他們，不知道自己該做什麼，比沒有錢的時候活得更痛苦。耀眼的光環遮蓋不住他們深藏其後的焦慮、孤獨和苦悶。一家雜誌在對經理人生存狀態的專題調查中，發現經理人竟有「25種椎心之痛」！有專家分析認為，這種現象產生的原因錯綜複雜，但有一個共同點是，他們都在不同程度上不能正確對待工作與金錢之間的關係，為錢所困、為錢所累，最終不能自拔。

　　你要獲得金錢，駕馭金錢，讓金錢幫助你生活得更快樂、更舒適，成為你生活幸福的手段，而不是你生活的全部目的。因此，無論在賺錢的過程中，還是賺到錢之後，都應當以正確的態度去對待金錢，不要為物欲所困。所謂「跳出三界外，不在五行中」，就是要做金錢的主人，具有超脫金錢、駕馭金錢的能力。讓金錢為人服務，不能為了金錢而犧牲健康的身體和幸福的家庭。否則，等你失去它們的時候，再多的金錢又有什麼用呢？

　　把賺錢當作一種樂趣，享受賺錢帶來的生活，你的世界可以更美好。

人生觀的四個目標

1. 事業賺錢。這個目標每人都有，在此不多說。

2. 每月要有足夠的儲蓄。

   我見過一些人，錢賺很多，花錢也凶，每星期有三四天晚上都喝酒尋歡，花錢像沒有明天一樣。這裡並不是描述罪犯的心態，有一批成功人士也是這樣，表面什麼都有，車、樓房、女人等等，但銀行儲蓄說不定就只有幾十萬，沒有為將來做預備。

   他們的心態是，現在事業不錯，每年都可以跳槽，隨時可以獲得更高的職位，更高的薪水。他們沒有想過，一生的黃金儲蓄時間就只有 15 年。

   人生從 20 多歲開始賺錢，在 35 歲之前，由於要應付太多的開銷，例如結婚、買房、買車、旅遊，加上賺的錢也不夠，所以剩下來的錢也不多。

   人生的黃金儲蓄時間在 35 ～ 50 歲。此時開銷已穩定下來，收入開始趨向高峰期，儲蓄能力是最強的。

   假如在這段時間，你花天酒地，花錢像沒有明天一樣，自以為在銀行有幾十萬存款便是很富有的話，那你年老後一定活得苦。因為你的幾十萬存款遠遠不夠活到死。我碰到太多例子，都以為 50 萬存款便很富有，孰不知一筆足夠的退休金至少需要 70 多萬，還不包括你的醫療費。

   沒有正確的人生觀，是某一群社會人士的寫照。

3. 家庭、孩子、朋友。

   其實，人生的快樂除了事業之外，很多的部分是來自家庭、孩子及朋友。孩子的笑聲、愉悅，是有感染力的。孩子的歡樂，有錢沒錢都一樣，不是你買禮物就會快樂，去公園放風箏已經是一大樂事。伴侶幸福，家庭平安，也是快樂的泉源。

   朋友多也是快樂的泉源，生活上點點滴滴的困難，說不定朋友都可以扶你一把，輕易過關。這些朋友關係，都不應疏忽。

4. 健康、運動、社會貢獻。

   沒有健康就沒有快樂，這一點，有很多人是到了患病時才知道，但人生是無法再走一遍的。

   每個人的人生，只能走一遍，應做的事情不要拖延。50 歲以上的人，大都會認同以上的健康目標。但健康不是一朝能達到的，每週都應有適當的運動，是有長遠意義的。

   人生，只能走一遍，應做的事情不要拖延。

無法做出理性判斷時，相信直覺

　　最會賺錢的人一定不是學歷最高的人。李嘉誠 14 歲輟學，比爾蓋茲從哈佛大學輟學 32 年後才重新拿到榮譽博士學位。學歷只代表一個人接受正規教育的程度，不代表一個人真正的知識、判斷力和行動力。

　　當很多投資機會剛出現的時候，通常會讓人難以判斷方

向。當大家都很容易判斷出方向時，一定已經很難賺到錢了。人生也好，投資也好，確實有很多時候讓你無法做出理性判斷，這時候不如就跟著感覺走吧。

關於「跟著感覺走」，我各有一個成功和失敗的相關案例。

1994 年我還在讀大學的時候，當時獲取股票資訊並不容易，人們要麼去證券營業部看行情，要麼次日在報紙上看昨天的收盤情況，要麼就是聽股評。當時大學生對炒股的興趣遠不如在寢室間推銷速食麵大，而我有個同學對股票的了解並不深入，只是聽炒股的父親偶爾講起，或者是在教科書上看到的一些簡單知識，有一天他在圖書館偶然看到篇證券報上的文章，說很多股票已經跌破淨資產，股票價格表上滿眼都是很低價的股票。此時他想到課本上說過：價值決定價格，價格圍繞價值上下波動。他隱約覺得可能是個機會。

放暑假回到家後，他發現他父親的股票早已深度套牢，再去證券營業部看，發現裡面工作人員比客戶還多。於是他開始心動了，在父親的鼓勵下決定投資。他當時連壓歲錢在內所有的積蓄只有 2,000 多元，且沒有自己的股票帳戶，於是就把 2,000 多元交給父親，借用父親帳戶交易。選了個從 100 元跌到 15 元的股票，買了 200 股。買進後，他也沒指望賺大錢，當時綜指是 300 多點。

沒想到幾天之後，1994 年 8 月 1 日，報紙發表了三大救市政策，當天股票漲幅就達 30% 以上。而 8 月 1 日起，連續 8 個交易日綜指的漲幅分別是 33.46%、-2.9%、20.89%、7.61%、21.37%、4.21%、-12.67% 和 19%。一個月後，綜指突破 1 點，他的股票漲了 4 倍多。這段經歷改變了他的一生，從此決定從會計學轉行投身金融投資業，並透過努力如願以償。

　　如果說上面這段經歷是由於相信直覺而獲得的成功，那下面的這段經歷就是因為否定直覺而犯的錯誤。2002 年年底我從英國留學回來，到 A 城市工作時，房價已開始上漲，開始出現每坪五萬元的房子，以當時的眼光看，已是前所未有的高價。我 2001 年出國時，每坪 35,000 元的房價已經算是極其高了。

　　當時在英國大學裡所學的知識印象還很深刻，我把 A 城市的很多情況和東南亞金融危機前的情況進行了對比，覺得從人的心態來講，所有人都迫不及待的想買房；從輿論導向來講，目前對房地產的關注有點過度；從資金流量來看，銀行的資金大量進入房市，和東南亞當年的情況相似。所以，我覺得房地產可能已經有泡沫了，於是當時決定不買房。

　　一個朋友卻催我買房，原因很簡單，以後所有比我們年輕的人以後都要買房子，一代又一代，除非父母手裡已經有兩間以上的房子，否則就得繼續買。我隱隱約約覺得有道理，也覺得以後結婚總需要房子，但一直沒下決心。2003 年 SARS 時期，

我去 B 城市看上市公司，順便了解一下當地基金銷售的潛力。沒想到在那裡，從工商人士到政府官員、到普通百姓，全都不願買基金，因為大家都覺得買房子能賺錢，房價已經從兩年前的 10,000 多元／坪，漲到 20,000 多元／坪。這加強了我關於房地產泡沫的判斷。

此後一直到 2006 年，雖然我那朋友的建議一次次刺激著我的直覺，但我還是一直沒有買房。只不過原因已經不是認為有泡沫，而是因為房價確實越來越高，很難下手了。直到 2006 年年底結婚，我才買房。從 2002 年到 2006 年，我的薪資收入遠遠比不上房價的上漲。這個失敗的案例源起於我對書本知識的迷信，我認為它的可信度遠高於一個人的直覺。但殊不知世上從沒有任何一個國家經歷過相同的房屋制度改革，一個沉睡市場一旦啟動所引起的需求和價格彈性是超越任何教科書的想像的。

讀萬卷書，行萬里路，兩者共同作用形成的直覺，就是最可靠的判斷依據 —— 經驗。只要有足夠的資訊和思考，直覺就是最好的判斷工具。

理財路上，最大的敵人是自己

據說從前有一個武功高強的忍者，每次找人過招他都贏，

因為沒有對手，他很痛苦，於是去請教高人。高人說你穿上忍者服，月圓之夜在樹林中等，你就會遇見對手。忍者照辦，在月圓之夜來到樹林中等待，待月亮從雲中穿出時，果然見到了另一位黑衣人。忍者出拳快，黑衣人也出拳快，忍者跳開，黑衣人隨行，忍者進攻時，黑衣人卻步步退縮防守，幾十招下來，忍者絲毫無法傷到對手，自己卻累得精疲力竭。次日請教高人對手是誰，高人笑答，是你自己的影子。

投資有點像魯迅先生筆下的「無物之陣」。你可以覺得所有人都是敵人，因為他們都可以賺走你的錢，也可以輸錢給你。但同時你也可以覺得沒有敵人，因為只要操作準確，沒人能攔住你賺錢；操作失誤，別人想救你都不行。投資上人人都有個敵人——就是自己。自己弱敵人就弱，自己強則敵人就強。

你的敵人為你設了兩個壁壘：

讓你總是自己操刀

假設賈寶玉自己開車去機場接即將下飛機的林妹妹，在快到機場前他通常會為誰擔心呢？答案一定是林妹妹而不是他自己，因為飛機還沒有安全落地。但是他的擔心是否理性呢？當然不是。他更應該為自己擔心，因為汽車的事故率遠遠高於航空事故率。查一下資料可以發現，第二次世界大戰結束後的 60 多年裡，全世界死於航空意外的人數總和，還不到 A 國一年交

通事故的死亡人數，後者是約 10 萬人。那為什麼賈寶玉會覺得自己更安全呢？那是因為汽車的方向盤是由他自己掌控的。也就是說，人們通常會對自己直接掌控的東西覺得更安全。

這就是為什麼這麼多人願意自己親自操刀炒股、炒匯、炒房地產，一怕被人騙，二怕別人不如自己聰明。

炒股可能是世上最具迷惑性的事情。如果把炒股比作企業，那這可能是生產環節最複雜的企業。想成功炒股，你需要懂世界政治、總體經濟、行業邏輯，看得懂報表，看得懂圖形，還要有時間研究，有足夠長時間的經驗，有資訊來源，有專家圈交流，有閒散資金做「後備部隊」，有很強的心理素養……往往只有少數人能具備這些條件。但另一方面，充斥市場的「一招教炒股」的書，鋪天蓋地的投資家自傳，讓人產生一種幻覺 —— 成功的投資離自己並不遙遠，或許再前進一步，自己就是下一個「巴菲特」。

其實對多數人來說，理財最需要自己直接介入的環節是資產配置，能確定在什麼大類品種上分配多少資產，就基本大局已定。資產配置沒做好，天天只盯著該買什麼股、什麼外匯或者哪間房子，會讓自己很累。所以普通人自己直接投資，聰明人判斷誰有投資家的稟賦，然後把錢交給那個人管理。

第二章 頂級理財師的殺手鐧：千萬富翁更是一種人生態度

讓你永遠過度自信

　　我有個朋友曾私下問一位日本中央銀行的前任高官關於日本經濟蕭條的原因。那位日本人很坦誠的說，除了市場本身的因素外，日本相對保守的文化是重要原因。日本政府在泡沫形成和破滅後的很多政策一直備受爭議。在 1980 年代經濟走強前，日本人並沒有太多國際金融的經驗，但隨著資本市場的開放，產生了大量國際互動，也簽署了大量國際金融方面的協議。日本國家和金融財政體系的核心決策層其實缺乏相關經驗，但基於對傳統權威的維護，很多高官堅持認為自己是對的，不願承認自己對很多問題的無知，更不好意思去詢問學習，造成很多政策失誤。

　　而索羅斯則是另外一種人，他被稱為「偉大的交易員」。他覺得世界總是處於不確定的狀態中，市場總是在波動中。當市場出現與他預計不符的情況時，他不會對改變視若無睹，而是清查自己是否犯錯。一旦發現，他會果斷修正看法。比如當年索羅斯伏擊香港股市時遭到了香港政府的堅決反擊，當經過幾週交鋒後，他發現無法獲得勝利，果斷撤退。據他的助手回憶，1998 年 8 月他們曾賣空亞洲股票，但到 10 月就發覺並改正了錯誤，反買入亞洲股票，尤其是韓國股票。截至當年 12 月，韓國股市成為全球收益最高的市場。索羅斯的名言是：犯錯誤沒有什麼好羞恥的，知錯不改才是恥辱。

有個段子這樣說大學生、碩士生和博士生的區別 —— 大學生覺得自己什麼都懂，碩士生覺得自己有的懂有的不懂，而博士生往往覺得自己什麼都不懂。人就是這樣，越無知的人越覺得自己懂，越過度自信。我欽佩的幾個真正的投資行家，幾乎都有種承認自己不懂或判斷失誤的胸襟。而當我每次看到無數無辜的投資者痴迷地望著臺上宣稱自己對市場判斷如神的「專家」時，總是忍不住回憶起 100 多年前，有義和團拳民自稱「刀槍不入」，最後卻倒在八國聯軍的槍彈之下的情形。

市場總是頑皮的，當你越堅定想買入時，賺錢的機率就越小，當你越堅定想離場時，賺錢的機率就越大。所以對多數人的投資來說，犯錯機率和自信程度是成正比的。

每當我產生對某個投資品非常自信的心態時，常掐自己一下，並去問問對這種東西最在行的專家和最一竅不通的朋友。最在行的專家會給予我高度，而一竅不通的朋友會給予我最樸實的思維角度。

在使用直覺時有兩點要注意：

1. 不要覺得自己什麼都懂。
2. 不要相信自稱什麼都懂、包賺不賠的「專家」。

不要做過多的時機選擇，因為影響短期市場的因素中，有很多根本無法預測，看的時間越長，判斷的準確率會越高。身

邊的反向指標有很多，當多數人極度亢奮或極度悲觀時，往往是市場的轉捩點，全世界都一樣。不是任何人都可以和你結婚過一輩子的。長期投資的前提是選對品種，投入適度。

最後別忘了，長期投資不是「永遠不拋」。很多賺大錢的品種，其實就在我們身邊，關鍵是進行仔細觀察和縝密思考。無論高手還是普通人，投資時總有很多誘惑，紀律會讓你失去一些收益，但能避免很多風險。記住：永遠不為蠅頭小利去「投機」，永遠不做自己不懂的投資。

有時候。災難是最好的賺錢機會，但需要兩個條件：清晰的思路和足夠的後備子彈。不是任何時候都能看清形勢，有時需要聽從自己的直覺。投資最大的敵人是自己，理財最需要自己直接介入的環節是資產配置，其他方面不必過度介入。必要時要有承認錯誤的勇氣和智慧。

停止抱怨，珍惜眷顧

《富比士》雜誌曾統計了人類漫漫幾千年來最富有的 75 個人，包括伊莉莎白一世、李嘉誠、埃及法老、比爾蓋茲等，發現了一個驚人的巧合：有 14 個人（約占 20%）居然出生於同一個國家的同一個年代，也就是 1831 ～ 1840 年間的美國，他們中包括洛克斐勒、卡內基和 J·P· 摩根等。原因很簡單，1860 ～

1870 年是美國經濟變革最大的時代，華爾街繁榮，鐵路興建，製造業發展，如果此時正好處於年富力強的 30 多歲，自然能抓住最好的機會。如果晚生 10 年，會錯過機會；而如果早生 10 年，此時已步入 40 多歲，思維開始老化，鬥志開始消減。

美國人麥爾坎・葛拉威爾曾研究過 IT 界的精英，發現 IT 行業的領軍人物們的出生時間非常接近，都是在 1953 年到 1955 年間。

熟悉 IT 的資深人士知道，1975 年是個人電腦發展的元年，上面這些人此時都只有 20 歲出頭，此時正興致勃勃沒日沒夜的寫程式，裝配，學習。所有比他們早出生 5 ～ 10 年的人，要不就是剛好遇上越南戰爭，要不就已經成家立業，他們不會花幾百美元買臺微型電腦來研究，更不會闖入陌生的 IT 行業創業。

有人曾問我，如果讓我在歷史上選個年代，願意生活在什麼時候。我說什麼年代也不去，就選現在。這是幾千年歷史上，平民第一次可以不依靠血統、背景或戰功，而是透過和平手段，依靠自己的努力和智慧獲得財富，改變自己的社會地位。從雜誌統計出的 2009 年的前十大富豪背景看，除一位是繼承財富的「富二代」外，其餘多是平民出身，依靠自己的努力發家的第一代富豪。

如果想賺錢，請停止抱怨，感謝上天的眷顧，將我們生在

這個年代，去積極尋找機會吧。

百戰歸來靠讀書，經驗也可以學習

「讀書無用論」曾經在 1980 年代流行一時，所幸的是，這只是改革開放初期的特殊現象，現在知識的重要性已經沒人能否定了。因為創造財富的關鍵是能判斷趨勢，而判斷趨勢的關鍵是經驗，學習就是獲得他人經驗的途徑。

在英國，你會發現英國 10 年前和 10 年後幾乎沒有變化，但如果連續 5 年不去崛起國家的一個城市，那很可能就已經不認識路了。正是因為崛起國家高速的變化，特別要求我們有很強的學習能力，否則很容易被時代淘汰。產業和金融結合的要求越來越迫切，這些都是我們以前所未遇到的。所以，想在崛起國家賺錢，就越來越需要學習。

舉個證券市場的例子，A 國股市成立約 20 年，卻已走過了西方股市 200 年的歷程。開始是個坐莊為主的市場，而隨著合格的境外投資者的引入，機構投資者的擴展，監管的完善，現在逐步進入價值投資階段。2003 年的行情讓市場開始懂得行業研究的重要性，2004 年的總體調控讓市場開始重視總體經濟研究，而 2005 ～ 2008 年的行情讓市場開始重視全球經濟。每 2 ～ 3 年，A 國證券市場就會出現一個新的趨勢，要求人們迅

速適應。

我的一位基金經理朋友，是位難得的高手，1990 年就加入證券市場，2009 年他所管理的基金名列前茅。他最與眾不同之處在於學習認真，每天上午 7 點多就到辦公室看各方面的研究報告，晚上往往還要看到 11 點多，堅持了多年。而其他很多在 1990 年代第一批進入股市的人會發現賺錢越來越難，逐步面臨被市場淘汰的境地，過去的成功經驗好像越來越不適用。我想其中很關鍵的原因是沒有堅持學習，因為現在的市場已經不是靠看技術圖形、聽小道消息，或者坐莊就能賺錢的了。

學習的方法很重要，學習的途徑也有很多，在此列舉一二。

首先是再教育。由於體制原因，大學教育和工作實踐存在較大脫節，所以很多年輕人大學畢業工作幾年後，會再讀個 MBA（工商管理碩士）。MBA 教學的實戰色彩會更濃，能幫助學員找到更好的工作平臺，獲得更好的工作理論。企業家也一樣，在商場拚殺了多年，再去讀個 EMBA（高層管理人員工商管理碩士），「百戰歸來再讀書」，能把企業帶到更高層次。

其次是多閱讀。巴菲特幾十年如一日，每天要看固定的 5 份報紙。5 份報紙資訊量有限，但幾十年堅持下來，資訊量的累積是驚人的。有一次我問摩根資產管理亞太區的高階主管，這些高階主管之間有什麼共性，得到的回答是：除了工作出色外，

還愛學習，愛讀書，尤其是歷史書。

最後是結交優秀的朋友。優秀的朋友是不可缺少的。尤其是成功朋友的人生經歷，總有對某些特定方面獨到的經驗看法，能幫助我們擴展視野，補充資訊。

財富只是人生的一種工具而已

我們每天研究的諸多問題都圍繞著一個核心詞彙 —— 財富。

到底什麼是財富？也許這個問題你也曾經問過自己，也許這個問題已經有先哲聖人有了標準答案，但是我相信在人類歷史的長河中，我們必然會不斷思索這個問題。

重農主義者認為，財富的泉源是土地。重商主義者認為，金銀才是財富。亞當·史密斯認為財富的泉源是勞動。

那麼到底什麼是財富，或者什麼才能納入財富的範疇。研究財富問題的起點是人，因為沒有人的時候財富的問題根本不存在。財富的最本質特徵就是對人的有用性。所以財富應該就是一切能夠滿足人類需求的事物（包括物質和精神）。

財富是流動的，總是從一個地點流到另一個地點，從一種形式變換成另一種形式。所以當你擁有財富時，實際上只是暫時擁有使用這些財富的權力，離開這個世界以後，被親人花光

也好，被孩子敗家敗光也好，捐給公益也好，甚至被人騙走也好，最後都是以不同形式返還給社會。你擁有的只是財富暫時的保管權和使用權。聰明的人會運用自己掌握財富的機會，做很多讓自己覺得值得的事情。

對於我們來說，每個人都在以自己的方式創造並享用財富。尤其在今天，個人生活的改善，自我價值的展現，社會效益的達成，都是以財富的增長作為衡量標準。但是某某家財多少，某某身家過億，在這樣的談論與比較中，財富被狹義化了，它走入了那道窄的門，門後是錙銖必較的人心浮沉。曾經看到過這樣的報導，東南亞金融風波之際，香港精神病院病人猛增。院方為治療這批特殊的病人，類比股票交易，使下跌的股票上升，藉此緩解他們因破產而帶來的心靈創傷。如果將積聚財富作為生活的唯一目標，那麼一旦失去財富，就會失去整個精神支柱，這樣的人生無疑是可悲的。

所以財富的本質只是個工具，幫你實現人生目的的工具。如果一個人隨著財富的增加，自由、快樂、幸福、安全感和滿足感不斷增加，那就是個很好的狀態。但如果財富不能帶來這些感覺，甚至常常因此替自己帶來煩惱、憂慮、不安全感，那錢再多也沒用。

我認識一位股民，他有一次很認真的對我說，覺得自己羞愧，因為每次股票跌了，他就心情不好，回家找個藉口罵太

太。他的心情不是由他自己控制的，而是市場控制的，所以他的人生並不掌握在自己手中，人變成了金錢的奴隸。

現在有很多人捨本逐末，忘了錢只是個工具，反而把錢當作目的。錢可以買到食物，卻買不到好胃口；錢可以買到藥物，卻買不到健康；錢可以買到相識，卻買不到好朋友；錢可以買到享樂，卻買不到安寧與幸福。如果為賺錢所累，犧牲了健康、冷落了家人、失去了朋友、壓抑了心情，那還不如少賺點錢。

有錢不等於有事業，有錢不等於成功。人生的真諦除了錢以外，一定還有些別的。

所以賺錢本身不是目的，即使得到上天最幸運的眷顧，成為史上最富有的人之一，也只是個紀錄的符號，沒有其他含義。用錢辦些自己覺得重要的事情，才能算財富的主人。

猶太人的財富觀：磨練「賺錢的本領」

猶太人被公認為最聰明的民族，諾貝爾獎得主中有約五分之一猶太血統。同時，他們也因超強的賺錢能力而聞名於世。由於屢受迫害，他們的財富每隔一段時間就會被洗劫殆盡，無論是第二次世界大戰還是中世紀。英國約克城堡的廢墟中到現在還立有說明牌，記載著中世紀時當地人因為欠猶太人債務，

而將猶太人逼入城堡殺死的慘劇。奇怪的是，猶太人永遠有白手起家、東山再起的能力，索羅斯、紐約的富翁市長彭博都是白手起家的猶太人。

猶太人的祕密就在於他們對知識和學習的尊重

在成長過程中，每個猶太家庭的孩子都要回答同一個問題：「假如有一天你的房子被燒，你的財產被搶光，你將帶著什麼東西逃命？」如果小孩回答是金錢、鑽石或是珠寶，母親就會接著問：「有一種沒有形狀、沒有顏色，沒有氣味，任何人都搶不走的寶貝，你知道是什麼嗎？」要是孩子回答不出來，母親就會告訴他：「孩子，你要帶走的不是金錢，也不是鑽石，而是智慧。智慧是任何人都搶不走的，它比金子、寶石更有價值，只要你活著，智慧就永遠跟著你。」

從羅馬帝國開始，猶太人就遭受迫害。在當時的重農社會中，猶太人被禁止參政或擁有土地，只能從事商業和借貸等行業，這使得他們被動的累積起大量社會和商業經驗。猶太人還將自己的經驗記錄下來，形成《塔木德》一書。對顛沛流離的猶太人來說，250 萬字的《塔木德》幾乎就是祖國的代名詞，很多猶太孩子從小就學習《塔木德》。《塔木德》內容涵蓋極廣，涉及民俗、宗教、家庭、處世和生意，集中了上千位猶太智者的智慧。猶太人從中學到信守承諾、努力工作、與優秀的人接

觸、保持和諧關係等重要習慣。所以他們才會在一次次被剝奪財富後，又一次次重建財富王國。所以賺錢的本領是猶太人真正的財富。

猶太人的家庭教育強調「累積財富」，這不僅僅是存錢的概念，主要是指財富管理，讓「錢生錢，財富滾動起來」的意思。猶太人似乎更傾向於一種勻速、持久的財富增長方式，也就是按財富增長的內在規律尋求高機率機會，用時間的長度降低波動的風險，這是這是一種可持續的財富增長方式，表面上看猶太人很「摳門」，實際上是對金錢的尊重、理性和嚴謹，他們相信財富的長期「恆守」。猶太人有一句名言：一個人由幸福到不幸只要瞬間，一個人由貧窮到富裕卻要終生！

很多人渴望一夜暴富「發橫財」，所以也有一句話：馬無夜草不肥，人無橫財不富。很多人嚮往「小機率」機會和投機，認為「橫財」是瞬間脫貧致富的捷徑。於是終其一生，要不一貧如洗，要不一夜暴富，極少有人去規劃自己的財富，而猶太人就是抓住了錢生錢的奧妙所在，你不理財，財不理你，所以他們創造了一個又一個財富神話。

賺錢的本領只有透過學習和實踐才能得到。多數人理財只有「賺錢」這一個目的，但現在請你再加一個目的 —— 磨練「賺錢的本領」。

學會做一個最懂得花錢的人

2004 年 2 月，美國《富比士》雜誌公布：比爾蓋茲以其名下的淨資產 466 億美元，仍排名世界富翁的首位。

然而，讓人意想不到的是，這位世界首富沒有自己的私人司機，公務旅行不坐飛機頭等艙卻坐經濟艙，衣著也不講究什麼名牌；更讓人不可思議的是，他還對打折商品感興趣，不願為停車多花幾美元……為這點「小錢」，如此斤斤計較，他是不是吝嗇鬼？

可另一面的事實顯示，比爾蓋茲並不是那種慳吝的守財奴 —— 比如，微軟員工的收入都相當高；比如，為公益和慈善事業一次次捐出大筆善款，他還表示要在自己的有生之年把 95% 的財產捐出去……

比爾蓋茲可能是世界上最懂花錢的人。蓋茲在消費上從不故意低調，他耗鉅資建了豪宅，裡面裝備著他自己喜歡的高科技產品。他還常常大宴賓客，高朋滿座。但人們關注更多的還是他的基金會。2008 年 6 月，蓋茲正式從微軟退休，淡出日常管理工作，將絕大多數時間留給自己與前妻建立的基金會。蓋茲將自己的絕大多數財產捐給了該基金會。

蓋茲做了兩件了不起的事情，一是依靠和平、合法、道德的手段從一個普通平民的孩子成為世界首富；二是把賺來的錢

捐出去，還吸引了巴菲特的加入，建立了人類史上最大的慈善基金會。

蓋茲建基金會受到很多人的影響，包括父親老蓋茲、前妻、巴菲特等。基金會成立之初還沒有非常明確的方向，收到過很多五花八門的捐助申請，從希望清空黃石國家公園的火山熔漿，到資助交誼舞頻道……但後來一篇文章引起了當時蓋茲夫婦和老蓋茲的注意，文章中說發展中國家的兒童正死於一些對已開發國家兒童來說威脅並不大的疾病，如腹瀉、麻疹、瘧疾等。基於此，基金會逐漸確立了主要目標：全球健康、全球發展和改善美國太平洋西北部蓋茲家鄉的現狀。基金會運作極為高效，並不是把錢捐出去就完事，只有符合初期預定並通過檢查的目標，才能獲得下一筆資金；有時還要求政府或其他組織拿出同樣金額的配套資金。

蓋茲已將企業做到了極致，再繼續做下去也只是「獨孤求敗」，不會為自己帶來很大的快樂了。但他現在卻從基金會裡找到了很大的快樂，他在年度報告中說：「把既聰明又富創造力的人聚集成團隊，並在他們遭遇挑戰時給予資源和指導，實在是很有成就感！」蓋茲如果還能有第三件了不起的事情可以做，那就是把基金會建設得最高效和最富信任感，成為慈善機構中的「微軟」。

提到蓋茲，就必須提到巴菲特。巴菲特對蓋茲的影響很

深，經過多年交往和仔細觀察，確認蓋茲在能力、品格和熱情方面都符合要求後，他決定以賣出波克夏股票的形式把絕大部分資產逐步捐給蓋茲基金會。但出於職業投資人的習慣，巴菲特也設立了三個附帶條件：

1. 蓋茲夫婦兩位中至少有一位必須在世並參與蓋茲基金會的決策和管理。

2. 基金會（或其代理機構）必須繼續符合法定條件，以使巴菲特的捐贈用於慈善並免於捐贈稅或其他稅項。

3. 每年巴菲特的捐贈必須捐贈出去，並需要基金會保證每年支出額不少於其淨資產的 5%，但頭兩年不適用。

　　蓋茲和巴菲特透過這種方式達成一種偉大的「利用」關係。蓋茲透過自己的行動，成功影響別人，透過巴菲特的捐贈使自己的基金事業迅速擴大，為自己事業找到了第二個出資人。而巴菲特知道自己年事已高，透過找到蓋茲這個比自己小 25 歲的人，讓他把錢按自己的意願和原則花出去，找到了一個值得自己信任的「花錢師」。

　　蓋茲很懂得透過花錢讓自己快樂。首先，無論是興建豪宅還是成立基金會，錢都是在自己開心的目的下花掉的。如果看蓋茲的照片，可以發現他的眼神中總是充滿平靜的快樂。其次，蓋茲的錢是按自己喜歡的方式花的。蓋茲夫婦也有離開世界的一天，如果孩子不能保證成為傑出的人，那留給他們 1,000

萬美元和 100 億美元並沒有區別，與其留給子女，最後毫無效率的慢慢消耗殆盡，不如在自己的有生之年把錢花得更有意義。再次，蓋茲夫婦鼓勵別人也按自己的價值觀來花錢，除了巴菲特的鉅額捐款外，蓋茲在世界各地的項目通常需要當地政府或民間組織提供配套資金，並對結果予以監督。最後，最重要的是他們的花錢方向功德無量，超越國家、宗教、種族、膚色，取之於全人類，用之於全人類。

而巴菲特，首先，他找到了最有能力的「花錢師」，因為蓋茲最好的歷史業績就是創建和管理微軟，有這樣的管理經驗的人應該有能力管好人類史上規模最大的慈善基金。其次，雖然他和蓋茲夫婦是朋友，但還是用制度來約束人情，透過設立三個捐贈附帶條件，把財產置於較小的風險之下，對蓋茲夫婦形成約束，確保自己的資產真正被用於捐贈。再次，他的錢花得很有效率，他要求捐贈避稅，因為如果繳納鉅額稅收，那麼資產中有很大一部分會被相對低效的政府機構花出去，這是他不願看到的。最後，以波克夏股票的形式進行捐贈，對自己公司形象和事業有很大的促進作用，把花錢變成財富增值的途徑。國外很多富人捐贈時喜歡以自己或家人的名字來命名慈善基金會，以求名垂青史。但是巴菲特卻選擇了把錢交給蓋茲基金會，放棄了留名機會。儘管總有人對他說三道四，但這種淡然是不多見的。

卡內基曾說：「在鉅富中死去是種恥辱。」如果說美國有個領先於世界的方面，那就是公益。美國富人向社會回饋財富的機制，是世界上最成熟的。但這樣的成熟，不是上天賜予，而是靠卡內基、洛克斐勒、比爾蓋茲、巴菲特和無數普通民眾的代代努力而推動的。從觀念層面來看，眾多富豪發揮了很好的榜樣作用；從國家層面來看，規定捐贈可以免稅，以資鼓勵；從操作層面來看，有眾多機構和普通人的參與，慈善機構效率很高，甚至舊衣服都可以用於捐贈。

保險沒賠付之前永遠都是貴的

說起保險，經常有人會說：「保費好多呀，您看我年年都交那麼多，也沒見用上一次，這錢白花了。」如果一直沒用上，那得大大恭喜了，因為一切平安。

沒用上是不是就等於那些保費白花了呢？大家稍微一想就知道了，大樓沒著火難道就說用於購置消防設施的錢是浪費的嗎？顯然不是。但有些人在保險這個問題上就是轉不過這個腦袋。

如果是消費型保險，正常一年也就幾千塊錢，沒出事的話這錢就當作消費掉了，跟吃頓飯花掉了沒差別，俗話說「花錢消災」，就是這道理。如果是儲蓄型保險、還本型保險，就當是

替自己存錢了，強制儲蓄。

　　一說到儲蓄型保險，有人就更看不上了，別說比買基金、股票了，就連定期存款的利率收益都比不上，有錢還不如買房子投基金呢，誰去買保險呀。這話初一聽沒錯，理論上看，保險收益可能比銀行存款略高，但跟多數投資品種一比，要遜色很多。其實這是正常的，如果一個保險公司拿著投保人所有的保費去做高風險的投資，什麼能賺錢就做什麼，什麼能多賺錢就多買什麼，如股票、期貨、期權、私募股權等，這樣的保險公司您還敢買它的保險嗎？說不定哪天就關門大吉了。

　　保險資金是在穩健的基礎上拿一部分保費從事高風險、權益類投資，這樣的風格決定了它的整體收益不會太高，給被保險人的所謂「回報」註定也不會太高。那麼是否就因此不去買保險了呢？有一次，一位嘉賓的一句話讓我在節目現場一個提醒，之後一直記在心裡：「保險在沒賠付之前永遠都是貴的！」

　　不要拿保障型保險與基金股票比，就像番茄和牛肉您說哪個更好吃？保險這種特殊的金融產品跟基金、股票、存款不同，除了安全性、收益性、流動性以外，「以小保大，應對不時之需」的特徵更為重要！

　　保險是家庭必備的理財品種，買它就是看中它的保障功能，又沒讓您把所有的錢都買成保險，它不過是家庭理財的一

個品種，其他還有存款、房產、基金、股票呢。如果要讓您的
錢增值，可選擇的理財品種多的是。想買雙鞋，既能赴約、開
會又能逛街爬山，這事情好像真有點難！

第三章　從 700 元到 400 萬元的距離：

愛護小錢是變大錢的開始

愛護小錢是變大錢的開始

不積跬步，無以致千里，不積小流，無以成江河。一個不能腳踏實地、小錢不願賺的人，是永遠也賺不了大錢的。

有兩個年輕人，一個是英國人，一個是猶太人，他們一同去尋找工作。途中他們發現一枚硬幣，躺在地上。英國青年看也不看的走了過去，猶太青年卻激動的將它撿起來。

英國青年對猶太青年的舉動，露出鄙夷之色說：「一枚硬幣也撿，真沒出息！」

猶太青年望著生氣而遠遠離去的英國青年，心生感慨的說：「讓錢白白的從身邊溜走，那才是笨蛋！」

兩個人同時走進一家公司。明白公司的規模很小，工作很累，薪水也很低。英國青年立刻不屑一顧的走了，而猶太青年卻高興的留了下來。兩年後，兩人在街上相遇，猶太青年已成了老闆，而英國青年還在尋找工作。

英國青年不可理解的說：「這麼沒出息的人，怎麼能這麼快就發了？」

「因為，我沒有像你那樣紳士般的，從一枚硬幣上邁過去。你連一枚硬幣都不要，怎麼會發財呢？」猶太青年回答說。

英國青年並非不喜歡錢，可是他眼睛盯著的是大錢，而不

是小錢，所以他的錢總在明天才會到來。這就是問題的答案。

只有你愛小錢，才會懂得珍惜錢，才會有錢。

對於小錢，你所需要做的事情，就是不要急於將每次收到的小錢花出去。大錢與小錢的最大分別，其實是在於理財方式的選擇。錢越少，能夠選擇的方式越有限，錢少的時候，理財反而不易，相反的，花錢的誘惑倒是非常大。因此只有先將小錢累積起來，你才有可能把小錢變成大錢。當你對小錢投資都熟練時，對於大錢的投資掌控能力肯定也會相當出色了！

「口袋空空沒有錢」的原因很多，不過如果你想要有錢，就應該盡量接近聚財的地方，研究招財的資訊、培養愛錢的習慣。

靠辛勤勞動，賺小錢的機會多如牛毛

賺大錢的機會微乎其微，多數人終其一生都遇不到。所幸日常生活當中，靠辛勤勞動賺小錢的機會多如牛毛，就看你願不願意找，多加利用了。

兼職所得

根據調查，上班族至少有三成在外兼職，而尚未兼職的上班族中，也有高達八成的人有兼職的計畫，兼職的項目從網路銷售到計時的服務業、程式設計、翻譯寫稿、寵物照顧等等，

花樣繁多，甚至連計程車司機也會在車上販賣商品，如果順利的話，一個月多個幾千塊錢的收入不成問題。

目前已有不少靠兼職成為百萬富翁的例子，而靠兼職暴富也已經不是新鮮事，但對於朝九晚五困在辦公室的上班族來說，一夜暴富成為百萬富翁，似乎還只是一個夢想……

在不影響本職工作的前提下，業餘兼職正在成為一種時尚。如今，新興職業的形成，兼職形式的豐富，提升了兼職人員的素養和價值。上班族兼職主要分為兩種：一是兼職與主職密切相關。比如 IT 人士樂於從事一些程式開發工作，另一種是兼職與主職毫無關係的，主要是發揮特長愛好，比如兼職做婚慶司儀，景點導遊等。前者更注重與自身專業的對接或對本職職位的延伸，後者則能充分帶動職場人的生活熱情，有助於調節身心。在大城市裡，上班族做兼職是一種常見現象。兼職職位有高有低，需要根據各人的能力、機運而定，不過，不管何種兼職，都可以鍛鍊能力，累積經驗，同時還可以累積一定量的資金，又不占用上班時間，不用放棄目前的工作，正好能夠彌補想創業的上班族的短處，可謂一舉兩得。

資本利得

資本利得也就是操作投資工具賺取的盈餘，對還不太知道該怎麼理財的朋友來說，不妨將資金進駐全球型的股票基

金，或者透過零存整付，慢慢儲蓄，同時還可以領取高於活存的利息。

額外收入

年終獎金、彩券等等的中獎獎金等額外收入，不要視為意外之財就胡亂花用，反而更應該珍惜這得來不易的財富。想要晉升有錢階層，就得正財、偏財都顧好。

財富來源於積少成多

累積財富不外乎開源和節流兩大方法。「開源」就是多賺錢，打開財富的閘門，這很富有挑戰性，與智慧、精力、時間、心血的付出是相關的，有時還要承擔很大的風險。而「節流」卻不同，怎麼樣最大限度的保住你現有的財富，不讓它們飛快的從你手中溜走，這不是吝嗇，而是會生活的表現。有些善於賺錢的人因為不懂得「省錢真經」，難以讓自己的生活品質再上一個臺階，反而惡性循環，有淪為賺錢機器的危險。基於此，有人這樣說：「你省下的一塊錢，其價值大於你賺來的一塊錢。」

一般人總認為有錢就多花，沒錢就少花。但事實上，在經濟時代不會省錢，就會成為一個失敗的人，下面我們來看看普

通人的幾個問題以及高手是怎麼省錢理財的。

· 記帳：大多數人總在月末對著乾癟的錢包愁眉苦臉的思索，錢怎麼沒花就沒了，我根本想不起來我買了些什麼。糊裡糊塗的花錢，清醒過來已為時過晚。而高手們卻有一個簡單而行之有效的好辦法：準備一個帳本，記下生活中的每一筆開銷。三餐、交通、日用品等是無法免去的項目，但娛樂、置裝等肯定存在可以削減的部分，而一些一時衝動的開銷就必須重點標記，提醒自己這些物品毫無用處，下月不要再犯類似的錯誤。只有帳目清楚，才能避免不必要的開銷。

· 計劃：我們中的很多人經常匆匆忙忙的跑去商店買東西，看見琳琅滿目的貨品就喪失了理智，這也買，那也要。有些東西也許根本沒用，卻可能被它的新奇有趣、包裝別緻所吸引，這就是沒有做好花錢計畫的結果。高手們卻不然，他們的計畫做得很細膩、很清楚，把每一段時間需要的東西列一個清單，然後再統一購買，不僅省時，而且利於理性消費。去購物中心和超市的時候，按照清單逐一購買，既不會花冤枉錢，也能迅速買到真正需要的東西。

· 儲蓄：你遇到過這樣的情況嗎？遇到急事，急需一筆錢，卻發現身邊沒有足夠的現金，而更可悲的是，儘管已工作了好幾年，銀行卻沒有一分存款。你不禁要問，我的錢去哪裡了？省錢高手會告訴你，存下一點錢才不會讓自己陷入未

來的窘境。儲蓄與你的收入沒有必然的關聯，就是每月只有30,000 元的收入，也一樣可以將扣除生活所需後的結餘部分存進銀行。每月不斷的從收入中撥出部分款項，5%也行，50%也行，只要不影響你對流動現金的需求，就把它變成一筆存款。日積月累，你將會擁有一筆不小的財富，而它也會讓你覺得有保障，有安全感。

· 刷卡：覺得用信用卡很方便嗎？錢不夠還可以透支，確實方便，但你的金錢流失起來也更加方便，投資基金的報酬率約12%～15%，但信用卡發卡中心卻能輕鬆收取你高達20%的循環利率。高手們既能享受信用卡帶來的方便，又不至於承擔昂貴的利率費用。記錄自己的消費支出，並做出合理的預算，購買時盡量使用現金。每個月注意繳款截止日或辦理自動扣款，當然準時繳款是最好的方式。只保留一張利率較低的卡，把其他高利率的卡扔掉不用。平時保留刷卡消費的單據，當帳單來時，可以核對刷卡紀錄和金額，避免由於系統錯誤多花了錢。最重要的是，堅決不用信用卡預借現金。

· 殺價：不要擔心討價還價會讓你的淑女形象破壞無遺。拉不下臉、羞怯、不好意思會讓你在無形中又多花了一些冤枉錢。你的淑女樣或許會讓精明的小販竊喜不已：「今天又宰了個冤大頭！」。「殺價王」往往都是省錢高手，不留餘地，乾淨俐落，用最少的錢買到最稱心的東西，也是一種成就。

就是在商場也可以殺價，與銷售小姐商量，看看有沒有可能打個9折、8折，省錢是自己爭取來的，連口也不開，怎麼會有人主動降價給你。殺價的精髓是察言觀色、有進有退，關鍵時刻一定要堅守你的底線。你堅持的、挽回的是你自己的實實在在的錢。

孫玉工作已有兩年多了，她的月收入能達到32,000元左右，在目前就業不易的社會形勢下已算中等偏上的水準。她打算在五年內買房，但手頭沒有一分積蓄。她在一位好友的建議下，把自己每月的支出情況做成一張表格，這才發現問題所在，她每月在服飾和化妝品、娛樂等項目上的費用太多了，幾乎超過了月收入的一半，而且由於對儲蓄缺乏意識，總是不自覺的花掉最後一分錢，每個月末都囊空如洗。

這位特別會理財的朋友建議她從現在起，每月先存收入的20%，也就是6,400元，一年便是76,800元整，5年便有38.4萬元的積蓄。衣服化妝品等方面適當節省點，加上利息，付頭期款應該夠了，其餘分期付款。相信可以五年後住到新房。

這是比較穩妥省力的方案，朋友又為她設計了一個比較有挑戰性的理財方案。每月先拿出5,000元買基金，每月買500股，不要管漲跌，一年有6,000股，5年30,000股，在這過程中，每年有分紅，除非漲得很高（30%以上），一般不要賣出，到時的價值肯定不只38萬，銀行通常都在代理基金，隨時都可

以買。買房時，買一間 15 ～ 20 坪的，自住也好，出租也好，出手也容易，買時投資收益率要達 8% 以上，並且一定要買低價，一買就賺。

孫玉選擇了第二個方案，從每月支出中省出 5,000 元買基金，她發現透過記帳等辦法，她也已經形成了花錢之前先問自己的習慣，避免了很多浪費。

原來省出 5,000 元是這麼簡單，她還可以省出更多，日子同樣過得開心、瀟灑。隨著資金的不斷累積，她對五年購買新房這個目標充滿了信心。

做個精打細算的人吧。你會發現，看似不經意的金額累積下來竟是一大筆錢。省錢無所謂方法，主要還是心理、態度方面的問題，如何克服自己的欲望，這就是省錢的關鍵所在。

如果想要和朋友聊天，盡量把他們約到家裡來，這樣可以節省一筆昂貴的飲料開銷。除此之外，還可以自己下廚，因為到餐廳吃吃喝喝十分費錢，自己做菜的話，不但好吃還能省掉一大半的餐費。

如果巧妙的進行搭配，不必經常光顧高檔服裝店，穿著也能看起來像剛剛才買的。寧可挑一兩件質地好、又不容易過時的服裝，也不要選購僅在這個季節流行的服裝，這樣才能省掉大筆的置裝費。

女性應付「面子問題」也是不可缺少的開銷。如果要省錢的話，可以自己動手做保養，如清潔、按摩以及去除青春痘、粉刺等等，甚至可以用超市賣的染髮劑在家打理一頭秀髮，可以省下成百上千的美容費。

為了有效節約，除了看電影等有一定的定價之外，聽演唱會或看表演，選擇中等價位即可。唱KTV，可以多拜訪幾位家中有此設備的朋友，達到歡聚一堂的目的。

在購置家具方面，除購買價廉物美、實用大方的家具外，可向朋友購買二手家具。分類廣告中的搬家出清廣告，或是在一些二手商店、跳蚤市場也能找到稱心的家具。要是自己動手做家具如書架、置物臺等，也能節省開銷。

交通方面費用其實最容易控制，如果路遠的話，每天只要提早出門，多搭公車，少攔計程車，即可輕輕鬆鬆省下一筆龐大而不必要的開銷。

節約雜費的訣竅在於用一些巧思。比如冰箱中食物不要放得太滿，可防止電量的損耗；照明用節能燈具；使用瓦斯燒開水，小火比大火要省煤氣，等等。

有一對新婚小夫婦，男孩在一家軟體公司工作，月薪35,000元，女孩當時正在找工作。他們租住在一間僅有五坪的房子裡，日子很簡樸，但又很幸福。

每天晚上女孩都在家裡做飯，把菜一一準備好，就等男孩一進家門馬上起鍋炒菜，稀飯、蒸餃或者炒兩碟小菜吃得香噴噴。後來女孩有工作了，月薪 28,000 元，工作地點比較遠，她每天早上 6 點多開始準備晚上的飯菜，準備到能馬上下鍋的程度後再去擠公車，而男孩也在一旁幫著煎荷包蛋、熱牛奶做早餐。每逢週五晚上兩個人就手挽手去買菜，家裡冰箱儲藏的蔬菜、冷凍魚，幾乎都是超市晚上 9 點後買一送一的包裝。週六，有時候女孩會和一盆麵粉，男孩準備一小盆餃子餡，兩個人一起邊看電視邊包餃子。除了當天吃的以外還會冷凍一部分在冰箱裡面。如果沒有風的春天，兩人就喜滋滋的備好飲水機裡的純淨水，步行去郊外遊玩，或者就在附近的公園隨便走走，每次都是一臉幸福洋溢的樣子。

最近他們終於有了自己的小窩，他們用幾年的積蓄付了頭期款，月付 25,000 元後他們每個月依然可以過得幸福逍遙。

看到他們生活的每一個細節，誰能不感動呢？誰不是發自內心的羨慕他們，他們才是會過日子。而許多收入比他們高，經濟比他們寬裕的人家卻未必能像這樣有滋有味的生活。

看緊你的錢包，省下不該花的銀子；付出最少的代價，創造高品質、高效率的生活；讓你的錢財活起來，從日常生活中累積小錢變大錢，邁向致富之路。

工作之外靠理財：小投資，大報酬

財富有兩種途徑，一種是工作賺錢並努力儲蓄，另一種就是理財。實際上，理財為家庭增加財富的重要性，遠遠大於單純工作賺錢。

李嘉誠有句名言：「30歲以前要靠體力賺錢，30歲以後要靠『錢』賺錢。」不過李嘉誠說的是香港，那裡年輕人創業機率高一些，所以很多男女才俊在30歲時累積了不少財富。而在其他地方，這一年齡恐怕要推遲一些，多數人會在40歲左右時達到人生的輝煌時期。這樣，這句話在其他地方的版本應當是：40歲以前要靠體力賺錢，40歲之後要靠「錢」賺錢。以下4位「財女」實現了靠「錢」賺錢，靠智慧賺錢。臨淵羨魚不如退而結網，畢竟40歲開始賺錢還不算太晚。

很多人都覺得錢少的時候不必理財，其實「理財」就是處理所有和錢相關的事，每天一出門，買東西、付信用卡帳單、繳保費、到銀行存提款等等，這些都是理財活動之一。因此你無時無刻不在理財，只是理得好不好而已，有規畫的理財方式，才可以幫助自己順利的累積財富，達成夢想。

理財的步驟不外乎以下幾個原則：設定目標積極儲蓄、選擇適合自己的理財方式並且持之以恆。舉例來說，現年30歲的你預計在30年後退休，並備妥400萬元的退休金，若現在就開

始每個月用 700 元進行投資，並將這 700 元投資在一種（或數種）年報酬率在 15％以上的投資工具，30 年後就能達到你的退休目標。

如果你能夠再節省一點，每個月多儲蓄 300 元，用 1,000 元進行投資，並將這 1,000 元投資在一種（或數種）年報酬率在 15％以上的投資工具，30 年後，你就能儲備近 600 萬元的退休金，給自己更舒適的退休生活。

這絕對不是危言聳聽，假使你現在「皮不繃緊一點」，不想學習 35 歲之前要懂得的 33 堂理財課，那麼不妨就快點去街邊廣場占一塊好空地，以備將來流浪之用吧！

世界第八奇蹟：複利比原子彈更可怕

投資的最佳時機就是在你擁有資本的時候，要讓投資成為一種生活習慣，就像吃飯和睡覺一樣自然，要每個星期都進行投資，如果你一生都在投資，那麼你一定會變得富有。

偉大的愛因斯坦曾經說過：複利比原子彈更可怕，堪稱世界第八奇蹟。這個被愛因斯坦稱為比原子彈還要具有威力的工具，簡單的說就是「利上加利」，其計算公式是：本利和＝本金 × $(1＋利率)^n$（n：期數）。

舉個例子來看：1萬元的本金，按年收益率10%計算，第一年年末你將得到1.1萬元，把這1.1萬元繼續按10%的收益投放，第二年年末是1.1×1.1 = 1.21萬元，如此第三年年末是1.21×1.1 = 1.331萬元，到第八年就是2.14萬元。

　　同理，如果一個人現在投入股市1萬元，假設每年賺20%，30年後資金會變成多少？答案是237.38萬！是不是很不可思議？就是這麼多！為什麼？答案是神奇的複利。如果一個人現在投入股市1萬元，100年後會變成多少？答案是更加驚人的828億！

　　複利產生神奇力量需要兩個因素。第一是收益率，收益率越高越好。同樣是1萬元，同樣投資30年，如果每年賺10%，到期後資金是17.45萬元；如果每年賺20%，到期後資金是237.38萬元，可見差額龐大，如果收益率很低，比如3%或4%，和銀行存款年利率相近，則複利的效應要小得多。第二是時間，時間越長越好。同樣是1萬元，按照每年賺25%計算，如果投資10年，到期後資金是9.31萬元；如果投資20年，到期後資金是86.74萬元；如果投資30年，到期後資金是807.80萬元，可見，越到後期賺得越多，時間創造價值！

　　投資大師約翰‧坦伯頓（John Templeton）告訴投資人致富的方法裡，曾經提到成功與儲蓄息息相關，要利用複利效應的神奇魔力，就必須先懂得儉樸，所以必須挪出一半的薪水，

作為個人在投資理財時候的第一桶金。

存下一半的錢是一個不容易執行的重大決定，它考驗著你的決心、毅力與生活方式的調整。

簡約生活，增加儲蓄的金額，正是理財的第一堂課。

掌握現金流量，記帳難不難

掌握每天的現金流量，追蹤賺進的金錢流往何處，學習制定預算，合理安排錢財的使用。記錄現金流量，可分析個人或家庭現金流入與流出的變化，讓我們隨時知悉可動用的資金餘額、投資成效等項目，幫助我們控管實現理財計畫的資金是否能夠順利到位。

記帳難不難？我想這個答案每個人的看法都不同，有人認為花錢就花錢，研究這麼多學問做什麼，更多的朋友記個兩天的帳，心情就開始浮躁了，壓根無法持之以恆。其實理財先要理心，養成良好的記帳習慣，才有資格進階到研究投資工具。只要肯花時間，把自己的財務狀況數字化、表格化，不僅可以輕鬆得知財務狀況，更可替未來做好規畫。

我再一次強調。如果沒有持續的、有條理的、準確的紀錄。理財計畫是不可能實現的。因此，在開始理財計畫之初，

詳細記錄自己的收支狀況是十分必要的。一份好的紀錄可以使你衡量所處的經濟現狀、有效的改變現在的理財行為、研究接近目標所需採取的步驟。

應該列入記帳的項目有哪些？

從專業的記帳軟體到文具店就可以買到的家庭收支簿，協助記帳的工具很多，甚至網路銀行、信用卡帳單等，也能夠設定消費項目，由電腦軟體自動替自己記帳，我認為整併現有帳戶也是好方法之一，例如用不同的銀行帳戶。區分生活費用和投資帳戶。這樣可以更清楚的掌握資金的來龍去脈。一個帳戶專門用來支付家庭日常生活費用，根據目前的家庭狀況，這個帳戶以現金、活期存款等形式存在，另一帳戶專門用來進行投資，朋友們選擇最方便的記帳工具即可。

不管選擇的工具為何，基本上記帳項目在收入部分中應包括：平均每月現金收入、薪資、薪金收入、獎金收入、投資收益（股票、基金、保險分紅等等）。

在支出部分應包括：日常開銷（食、衣、住、行、育、樂）、各項貸款支出、重要資產養護費（汽機車、房子裝潢整修）、子女教育費用、父母贍養費、信用卡貸款、人壽保險、年金保險等。

利用發票收據聰明記帳

　　我看過人們最常採用的記帳方式是用流水帳記錄，按照時間、花費、項目逐一登記，例如昨天在百貨公司刷卡買了一件 5,000 元的外套、今天去超級市場採購了 2,000 元的日常消費品。萬一你嫌麻煩，沒有多餘的時間逐筆記錄也沒關係，只要統計大的項目，效果也是一樣的，再不然，就模仿我的做法吧，每天將可支配所得按照項目放在信封中，花完了就不准挪用其他資金。

　　為了避免各位忘記支出項目，收集發票、收據是記帳的首要工作。平常消費應養成索取發票、收據的習慣。平日在收集的發票、收據上，清楚的記下消費時間、金額、品名等項目，如沒有標示品名的單據最好馬上加註。

　　此外，銀行扣繳單據、捐款、借貸收據、刷卡簽單及存提款單據等，都要一一保存，最好存放在固定地點。憑證收集全後，按消費性質分成食、衣、住、行、育、樂六大類，每一項目按日期順序排列，以方便日後的統計。

　　若要採用較科學的方式，除了忠實記錄每一筆消費外，更要記錄採取何種付款方式，如刷卡、付現或是借貸。

不要記死帳，解析數字背後的資訊

　　為什麼有人記帳之後，每個月還是坐吃山空，成為兩袖清風的月光族？我認為問題出在他們沒有「總預算」的概念，也就是說，雖然記錄了每一筆開銷，但是他們不知道盈餘隨之降低，等到透支才發現嚴重性，已經來不及了。因此，記帳不是要你抄寫收入與支出的變化就好，你要抓住數字背後隱藏的資訊，要能解析阿拉伯數字所代表的意義：

　　在「收入來源」部分，多數上班族的收入來源有限，除一份死薪水之外，利息所得或業外收入不多，若發現太依賴某一項收入，請慎重籌劃風險防禦機制，避免主要收入中斷時，無法維持正常生活。

　　在「消費支出」部分，最好統計衣、食、住、行等開銷的比重，定期檢討不經意超額消費了什麼項目，以便下個月進行修正。

　　這個累積財富的黃金定律：「收入－存款＝支出」，唯有事先預扣存款項目，嚴格控制不要超支。才能創造盈餘，為自己帶來美麗人生。

自我束縛：強迫自己去做正確的事

對很多人來說，花錢是種愉悅的享受，存錢反倒是種痛苦的懲罰。但豈不知花錢的愉悅可能換來的是未來的痛苦。過分的消費欲就是理財的大敵。如果你僅僅是因為愛花錢而難於開始存錢的話，你一定要把此當作病來醫治。

強迫自己存錢的方法，可以幫助個人改掉愛花錢的小毛病。存錢的行為的就是一種累積投資，既然累積財富對投資的成功有那麼重要，而現今，我們也需要自我控制，但大多數人恰恰做不到。我們一般都傾向於吃得太多、鍛鍊太少，而且隨意的鋪張浪費。要想杜絕這種情況，我們需要「連哄帶騙」的強迫自己去做正確的事情。

1. 強迫自己存定期儲蓄。活期儲蓄尤其是存在現金卡內的錢很容易在意志不堅定的情況下被花掉，因而，不如把自己手中富餘的現金存成定期，只留夠基本生活的現金就可以。要強迫自己儲蓄，我們可以簽訂一份投資計畫，這樣就能將資金直接從我們的薪水中扣除，從而杜絕將這筆錢開銷出去的機會。

2. 每天從錢包裡拿出 50 元或 100 元，放進一個信封。每月把信封裡積存的一定數目的錢存入你在銀行的存款帳戶中，記住積沙成塔的道理。假定你每天存 100 元，每月就是 3,000 元，一年就是 36,000 元。

3. 定期從你的薪資帳戶上取出 100 元、200 元或是 500 元。總之

109

不用太多，存入你新開立的存款帳戶中。2～3個月之後，增加每次從薪資帳戶中取出的金額。我們還可以簽訂共同基金的自動定投計畫，每月自動從銀行帳戶中撥出定額資金，直接投資於我們選定的基金。這同樣能強制我們儲蓄。

4. 為進一步累積儲蓄，我們可以將抵押貸款的還款額度追加到整數，比如說15,000元的還款額可以提高到25,000元，這樣我們就能更快的償清貸款。反正我們每個月都要償還貸款，因此，這種方式很容易被接受。抵押貸款公司也樂意為我們設置這種自動還款方式，從而強制我們每個月多還款。

5. 我們還應該注意避免出現虛假儲蓄的情況，比如每個月累積很可觀的一筆儲蓄，但同時又在不斷刷卡，借款消費。背負信用卡債務，並為之支付通常比較高的費用，這種做法被列為最愚蠢的理財錯誤之一。核查信用卡的對帳單，看看你每月用信用卡支付了多少錢。如果有可能，減少你每月從信用卡中支取的金額，或者不到萬不得已不用你的信用卡。

6. 寫出你的目標。現在就開始關注你為什麼存錢。存錢不是最終目的，存錢是為了實現你的目標，你是想換一間大一點的房子？買一輛車？為了你的寶寶？還是打算讀書深造？或去投資？總之，把目標統統寫下來，然後貼在冰箱上、廚房門上、餐桌上等任何你會經常看到的地方，提醒你時常想起你的目標。要知道，你現在花掉的錢與你以後要花的錢有著本質的區別，後者常被稱作是儲蓄。這些寫在紙上的目標會增加你存錢的動力。

為了更多的儲蓄，我們可以替自己制定出很多稀奇古怪的規則，例如堅持將所有的退稅、年終獎金、加班費、保險賠付款和兼職收入等計入儲蓄。同時，為了確保不會動用自己的儲蓄，我們可以採用「心理帳戶法」，只允許自己從專門的收入帳戶中提領出來消費，而把儲蓄帳戶、股票帳戶、基金帳戶和退休帳戶全部列為開銷「禁地」。

預算發揮不了任何作用，那就放棄吧

預算的概念經常為金融專家們所喜愛，但每當我問人們是否進行預算時，答案幾乎總是「不」。對多數人而言，預算起不到任何作用。做預算一般是指透過分析我們的月度開銷，找出可節省花費的地方，從而限制自身消費，以達到月底留下更多積蓄的目的。

問題是，每到月底時，我們經常會發現自己沒留下可以儲蓄的資金。一直以來，我們通常經不起誘惑，消費時很衝動，嚴重超支，落得最後成為「月光族」，到月底時總對自己的敗家子行為後悔不已。所有這一切顯示，編制預算通常容易變成一件令人不悅和沮喪的事。我們實際消費的總要比原來打算的多，從而留給我們無限的悔恨。

這就是為什麼我們總是容易忘記預算，仍然習慣於在薪水

到手之後馬上將其花光。有一種古老的「自我享受優先」策略：我們可以馬上從收入中提取10%～15%進行儲蓄，然後迫使自己靠剩下的收入維持生活。我們清楚自己已經進行了儲蓄，那意味著對於剩下的收入，我們可以完全按自己的意願自由開銷，這樣就不必為那些愚蠢的預算大驚小怪，也不用為自己沒有留下任何可以儲蓄的錢而悔恨了。還打算編制預算嗎？算了吧。生涯的後半部分，推遲幾年退休。那將使你獲得更多的時間去儲蓄，並有更多的時間從投資中獲益。

同時，這也會縮短你的退休期。這意味著當你退出工作職位時，你可以更盡情享用你的退休積蓄。如果你買了終身支付的即期固定年金，那你每月可以領取更多的收入。除此之外，假如推延退休時間，你還可能推遲申領社會福利金，這也會增加你退休後每月的收入。

討厭在工作職位上再多做幾年的主意嗎？不如考慮做份兼職工作吧。在月收入減少的時候，你也許不能保證每月定額的儲蓄，這時你可以透過兼職工作，來杜絕出現靠儲蓄填補收入空白的情況。到那時，你的投資組合才有更多時間去獲取額外的收益。

良性循環讓你完全掌控自己的理財生活

　　如果一個事物能夠在良性循環中發展，那麼，它就會像生命的生長一樣，每一次循環過程之後，都會不斷的發展壯大。

　　如果你從 20 多歲就開始儲蓄，並很快累積到相當數額的財富，那你就可以享受更長久的投資收益了，這同時還能減少你的生活成本。畢竟，如果有一定的儲蓄，你可以放心的提高你的健康險、房屋險和汽車險的自負額，也可以在發生意外傷病後有資金堅持更長的時間，直到從殘疾險和長期醫療保險中獲得理賠。如果你儲備了足夠的錢，這樣你意外身亡時，至少能保證你的家人在經濟上不面臨問題，你也就不需要太多的壽險了。所有這一切都可以降低你的保險成本。

　　與此同時，不斷增長的財富能讓你不需要透支信用卡來消費，也就不用支付由此帶來的違約金和手續費等。當你買第一間房子時，你可以削減 20％的費用，因為你可以省去個人抵押貸款保險。同樣的，你可以用現金全額支付來購買汽車，或至少能減少你借款的數額，利息費用也就隨之減少了。即使你確實要借錢，你良好的收入前景和令人羨慕的信貸記錄也可使你有權享受低利率貸款。你還可以節約一籮筐亂七八糟的費用，如支票存取手續費、延期支付費和帳戶餘額低於某一特定最小額度時所收取的帳戶管理費等。你甚至還有資格享受那些理財

顧問和共同基金有時為大客戶提供的費用減免特權。

　　看起來很具誘惑力？確實是。你完全可以掌控自己的理財生活，而不是對生活斤斤計較。當你的儲蓄累積到一定程度時，你可以削減你的生活成本，從而使你每月進一步累積更多的儲蓄。這是一個良性循環 —— 它能將你送入實現經濟獨立的快速通道。

第四章 選擇適合自己的投資：
像投資自己那樣去理財

投資自己是最穩當的賺錢方法

把自己當成一家公司來經營，把自己當成一個企業來投資。成功者以簡單的情緒，挑戰艱難的任務。失敗者以複雜的情緒，面對簡單的任務。

身為現代人，我們的生涯規畫，常常趕不上時代的變化，也趕不上觀念的變化，但是又有什麼關係？只要我們懂得投資自己，讓自己每個月都有點技術性的成長和進步，對自己持續投資和經營；就會越活越有信心！

投資自己，學習把自己放到對的位置，並善用天分為人生增色；建立自我成長系統，人人都會擁有享受幸運的能力！

如果你在每一筆錢都沒有浪費的情形下，還是確實難以開源節流，我建議你不妨投資自己吧，提升自己的學識，多培養與訓練自己的做事能力，在公司當中建立不可取代的地位，超過同輩，那麼你的投資報酬率還是相當高的。

最好的投資方法就是投資自己的大腦。因為你投資股票，萬一縮水套牢你會瞬間血本無歸；你投資人際關係，殊不知這年頭最不可靠的就是關係，難怪有人曾感言：家族管理模式是世界上最先進的管理模式。你投資於企業，有虧有贏有時也不是你能掌控的。但投資自己的大腦就完全不同了，知識怎麼也不嫌多，而且越用越活，越用越靈。基本上不會貶值。

116

有句話說得好，未來的文盲是那些不具備學習能力的人。如果你天生善於自學，能學以致用，不上大學也許你會更快成功，畢竟減少了時間成本。就像許多 80 後的人，信奉用什麼學什麼，缺什麼補什麼，應該是利用時間的最佳方案。

投資自己其實就是投資未來，制定一個朝著自己目標的學習方案，並有效的將所學付諸實踐，那麼你自身的價值就不斷增值。假設你把自己當作企業來經營的話，那麼你要做的就是不斷提升你自己的品牌，優化你的產品（你自己），讓你能夠為更多的人帶來價值，當越多的人需要你的時候，你仍不斷學習，努力讓更多的人離不開你，那麼你價值就更加突出了。投資於自己，是報酬率最高的方式，你自己的知本會不斷吸引更多的資本。

如今，無論你從事什麼行業，什麼職務，一定要豐富自己的行銷知識和能力，還有財經方面的知識，否則，你雖不能算作異類，但你的成功會很有局限性。畢竟，即使是政府官員也要和企業的高層打交道，不扎根經濟大潮，基本永遠不會成為經濟的弄潮兒。也許會偶然翻到海裡摸了兩條魚，浮著塊木板漂回岸上，賺了些錢，但是不懂游泳（市場遊戲規則）會在偶然（兩條魚）中成功，但卻會在必然中失敗。

永遠記住，投資自己就是投資未來。最寶貴的財富就在我們身邊，它就是我們的大腦。 與其苦苦尋覓財富，不如有效學

習（補腦），積極想像（練腦），不斷創造（用腦），然後再透過努力付出和知行合一，讓自己腦袋增值。你就主宰了人生的財富和命運。

誰讓我們虧了錢：不知不覺被錨定

同事小張一上班就抱怨，我的股票 18 塊買的，漲到 30 塊都沒賣，上週五跌到 20 塊了，您看看，虧了 10 塊錢。還有一個同事說，我看上的一間二手屋地理位置絕佳，裝修得也不錯，我打算 622 萬買下，買家出價 625 萬，怎麼也不肯便宜，我咬咬牙也沒買，現在別說 625 萬了，就是 655 萬也買不到了。

明明是賺了 2 塊，為什麼我們的感受反而是虧了 10 塊？為什麼會為了 3 萬元的差價，錯失自己心儀的一間房子？是因為我們通常在做決策的時候，會不自覺的給予最初獲得的資訊過多的重視，就是 30 元那個坎，622 萬這個價錢，不是別人而是自己設立的。用行為金融學的原理來解釋就是「錨定」。

在討價還價的時候，為什麼先開價的人會占便宜，因為您把別人錨定了。一個訓練有素的推銷員是不會把這個「先手」隨意拱手相讓的。他們通常都會先開個高價，然後一點點往下降，當最終以較低的價格成交時覺得這真是一樁好買賣。

其實，當人們對某件事的好壞做估測的時候，並不存在絕

對意義上的好與壞，一切都是相對的，關鍵看您如何定位基點。基點定位就像一隻錨一樣，它定了，評價體系也就定了，好壞也就評定出來了。

投資中，如何擺脫被錨定？就得忘掉您的買入價，不要總想著我 18 塊買的股票，現在卻跌到了 15 塊，您需要做的是懷著以終為始的心態，判斷它現在的價值。如果它現在只值 12 塊，就應毫不猶豫，棄之如敝屣。

為什麼我們總是患得患失？

如果您的投資在市場下跌時遭受損失，這時候，天遂人願，市場轉好了。是把賺了的錢落袋為安，留著沒有獲利的靜等時機呢？還是汰弱留強，把好鋼用在刀刃上？大多數人的選擇會是前者。事實上，現實生活中人們也是這樣做的。

我們的常態心理是更願意冒風險去避免虧損，而不願冒風險去實現利潤的最大化。在面對確信有賺錢的機會時，多數投資者就把自己剛剛賺錢的股票拋了，而當自己買的股票股價已經折半的時候，一般都會選擇堅守，那份執著比戀愛時還要強烈。

我們都有類似的體驗，考試的時候，如果第一選擇就是錯的，不會覺得那麼難受；如果第一選擇是對的，後來改成錯的了，就會特別難受，因為一個是主動一個是被動。也就是說當

119

我被動的沒做事的時候，我覺得錯了也就錯了，我認了；但當我主動把對的改錯了，那簡直不能原諒自己，我怎麼這麼傻，與勝利失之交臂。

經常聽人說，本來想在收盤前拋掉股票的，結果因為開會或者別的什麼事就沒賣出去。把沒採取賣出的行動的原因歸結為因這事那事而耽誤了，其實本質上是對自己沒自信。比如說當時估算只有 50% 的把握，因為它發生了，成為一種事實，然後現在用 100% 的結果去驗證那 50% 的猜測，而且在進行 50% 猜測的時候是有風險的，這明明就是自己和自己過不去！

我們是我們自己嗎？好像是，又好像不是。我們的理智更像自己，還是情緒更像自己？

舉一個投資股票的例子。您花了 10 塊錢買了一檔股票，結果您 12 塊錢賣掉了，而剛剛賣掉的時候，它又漲了 2 塊，於是痛不欲生。如果您花了 10 塊錢買的，同樣也是 12 塊錢賣的，在剛剛賣掉的時候，跌了 2 塊錢，於是就喜笑顏開了。而實際上，這個效果對您來講是一樣的，都賺了 20%，但是心裡的感受是完全不一樣的。

我們買任何東西，比如買房子，買之前跟買之後也是不一樣的。買房子之前，永遠覺得房子是貴的，怎麼老這麼貴，於是老得推遲買，越推遲買越後悔。但是一旦買完房子之後，卻

又老嫌房價低，怎麼還不漲。買股票也是這樣，買完了這檔股票，就恨不得它天天在漲。

是誰讓我們虧了錢？這個市場是由人組成的，了解一點行為金融學，讓我們對自己對別人多一些了解，也許可以少虧一些錢，或至少虧得更明白一些。

投資市場上人人都是事後諸葛

如果在投資市場裡有人賣後悔藥一定會生意火爆，這家公司若能上市，絕對是大績優股！牛市中，自己看好的股票沒買會後悔（其實您沒買還是說明您不是真正看好），好容易賺了點錢結果發現賣早了也會後悔；熊市中，沒能及時止損出局會後悔；獲點小利沒兌現，又反被套牢也會後悔；平衡市場中，自己持有的股票不漲不跌，別人推薦的股票上漲，自己會因為沒有聽從別人的勸告而及時換股而後悔；當下定決心，賣出手中不漲的股票而買專家推薦的股票，又發現自己原來持有的股票不斷上漲，而專家推薦的股票不漲反跌時，更加後悔。

我們在決定是否賣出一檔股票時，往往受到買入時的成本比現價高或是低的情緒影響，由於害怕後悔，我們會想方設法盡量避免後悔的發生。比如，我們不願賣出已經下跌的股票，是為了避免一次失敗投資帶來的痛苦和後悔心情，還有，如果

向其他人說投資虧了錢是一件多麼難堪的事情啊！

　　另一些研究者認為，投資者的從眾行為和追隨常識，是為了避免由於做出了一個錯誤的投資決定而後悔（儘管這樣的結果可能會令我們更加後悔）。我們總是在尋求安全感，買一支大家都看好的股票比較容易決策，因為大家都看好它並且買了它，即使股價下跌也沒什麼。因為大家都錯了，所以我錯了也沒什麼！而如果自作主張買了一支市場形象不佳的股票，如果買入之後它就下跌了，自己就很難合理的解釋當時買它的理由。

關於股市，不要頻繁判斷短期行情

　　和人交流時，我常會被問到這樣一個問題：你怎麼看股市？我總會回問一句：你看多久？因為短期市場是最難判斷的。

　　晚上仰望星空，其實我們看到的並不是當時真實的星空，因為有些星星離地球幾千光年，其實已經死了，而它活著時候的光芒則傳到地球上，你看到的實際上是它幾千年前的樣子。投資市場也是這樣，過去、現在和未來的資訊都對價格產生影響，而對這些資訊，有的品種有反應，有的沒有反應，有的過度反應，有的反應不足。所以「市場先生」的脾氣非常古怪，短期走勢很難預測。

　　之所以有人總愛預測短期走勢，原因有兩個，第一個是人

們總在心理上高估短期風險，第二個是技術流派認為歷史總會驚人的重複，可以從過去走勢判斷未來。

影響短期市場的因素實在太多，經濟資料、國際形勢、政策取向、貨幣供給、市場預期、心理因素，乃至國家政治或災害疾病等。這麼多因素交織影響，得出清晰判斷的難度很高，特別是很難預測政府的表態和人們對此表態的反應。而中長期市場的決定因素相對容易判斷，就是經濟狀況。

投資有時像開車，新老駕駛員最大的不同，就是新駕駛員眼睛只盯著車前面不遠的地方，開得很累，而老駕駛員則看得更遠，視野開闊；資歷 1～3 年的新駕駛員以開快車或超車為榮，以此證明自己能力高，而資歷 10 年以上的老駕駛員則見多了交通事故，知道開車之道就是遵守交通規則，不會為圖一時之快而冒險。

我有位從 1992 年就開始從事證券的朋友，他是基金行業的老字輩，我們認識以來，他幾乎從未對下個月的行情進行過判斷，最短的判斷週期是 1～2 個季度。而很多股民朋友對 KDJ（隨機指數）等短期技術指標比我還熟，老在判斷明天是漲是跌，年換手率有的高達 500％～1,000％，也就是說，幾乎每 1～2 個月就要進出一次。很多人股票炒了幾年，錢沒賺到多少，卻為證券營業部貢獻了一筆不菲的手續費。

成為富豪的途徑有很多，但沒聽說有透過看 K 線技術走勢或做短線投資成為世界級富豪的。所以如果一個人短線交易過多，不是說明他市場感覺好，而只能說明他可能根本沒有真正屬於自己的思考。

　　所以，不要頻繁判斷短期行情，對市場中期以上的趨勢能判斷清楚，就已經很不錯了。

買保險是做人的道德，也是義務

　　雖然保險的過程和投資理財無關，但目的卻和理財殊途同歸 —— 提高人生品質。說得極端點，投資風險是可以規避的，頂多不投資了。但人生的風險卻無法規避，影響人生的風險很多，被搶劫、生病、交通意外，甚至吃飯噎了……無非是機率大小不同罷了。但你總不能為避免交通意外而永不上街，或為避免噎死而不吃東西……

　　所以保險的作用就得以展現：

不怕意外

　　我在英國讀書時，準備了一個西班牙遊的行程，在最後付款時經不住旅行社員工的一連串強力推銷，花 20 英鎊買了旅遊保險，這是我生平買的第一張保單，回到家後悔得直跺腳 ——

自己做過銷售，居然還是被人行銷了。但沒想到我居然真的在馬德里遇到了暴力搶劫，丟了所有東西。回到英國，經過保險公司的一番簡單調查，兩個月後，我收到了保險公司寄來的 1,000 多英鎊的賠償支票。從此我開始乖乖的向保險公司交錢。

很多人不買保險的原因是覺得暫時沒必要，或者不願為小機率事件支付成本。確實對很多人來說保險不是筆合算的「買賣」，或者乾脆就是「打水漂」。但命運無法預測，一旦哪天發生意外，一定反而覺得投入的保費太合算了。所以保險就是把未來不確定的大額支出變成現在確定的小額支出，給自己和家人一份保障。

不怕疾病

現在最流行的祝福語是「祝你健康」，一是因為命值錢了，二是因為病生不起了。現在生病開刀動輒幾十萬元，而且很少有人能厲害到敢和醫生討價還價。我們在媒體上看到太多因替家人籌錢治病而發生的令人心酸的故事。如果不想讓自己的親人也那樣，就買醫療險吧。

有人拚命賺錢，部分原因就是醫療費越來越貴，其實缺乏安全感也是種病，即使從這個角度說，買醫療險也是值得的。

養老

有人說現代人居然為「活太久」發愁，其實指的是能否有尊嚴的活很久。養老保險不能讓你暴富發財，但能讓你以類似儲蓄的方式為以後留點後路，因為年輕時總會有很多誘惑讓人投入全部家當，一旦有風險就不是鬧著玩的了。

避稅

有些國家目前沒有開徵遺產稅，而在開徵遺產稅的歐美國家，壽險是富裕家庭避免高額遺產稅的常用工具。由於人壽賠償金的稅收遠比遺產稅優惠，當投保人故去後，孩子可以用壽險所得支付遺產稅或直接作為遺產的一部分。一些國家的很多富人還沒有意識到這是個日益臨近的問題。

像「看清保單」這些買保險的技巧千千萬萬，單寫本書都可以，這裡我們只提幾個最值得關注的保險問題：

不要等

即使是皇帝，也無法命令災病不要在明天找他。相信我，全世界沒有一家保險公司在你出了問題後還會賣保單給你。而且保費會隨著年齡而遞增，等你過了 60 歲，很多保險即使花再多錢也買不進去了。所以保險一定要在安全時買。

首先考慮的不是孩子，而是家庭支柱

有些國家的人總能把「小皇帝第一」的習慣演繹得無處不在，很多家庭的第一份保險是買給新生兒的，其實從經濟和機會成本的角度看，這並不合理。可以設想一下，家裡哪個人出現意外對整個家庭將來的經濟影響最大，是孩子還是爸爸？所以，第一份保險應該買給家庭的經濟支柱。

簡單是最美 —— 防災

如果你替家裡買的第一份保單是壽險或醫療險，恭喜你，對了。任何東西都有它最原始本質的意義，保險的原始意義就是防災。現在險種很多，但記住購買保險有先後原則：先防災，再防病，再養老，最後是賺錢。用於防災的保險就像是家庭的床，是必需品；而用於投資理財的保險則像是家裡的裝飾品，可有可無。

買保險是做人的道德，也是義務。如果你是好男人，那一定樂意為所愛的女人「上刀山下火海」，但現代的男人，在這之前應該不是拍著自己兄弟的肩膀說，以後替我照顧好她，而是先為她買份保險。

投資理財「穩」字當頭

只要存在價格波動，賺錢的機會就永遠存在，最關鍵的是避免失敗。理財的第一考慮不應是如何賺錢，而是應該考慮如何不虧錢或者少虧錢。不虧錢或少虧錢比賺錢更重要，四種讓你遠離風險的方法是：別相信天上會掉餡餅，只做自己了解的投資，有充足的資訊和思考時間，跟著感覺走或懂得放棄。

別相信天上會掉餡餅

永遠別相信找上門的簡單暴利。2008 年 12 月 11 日，美國納斯達克股票市場公司前董事會主席伯納·馬多夫因涉嫌欺詐被捕。他被指控操縱一支對沖基金令投資者損失大約 500 億美元。馬多夫醜聞揭發前，據說馬多夫的投資人每月可以得到 1% ～ 2% 的穩定報酬。12% ～ 24% 的穩定年收益，這在美國簡直是天方夜譚，但很多投資人就是因為迷信了私密空間、名人頭銜而中了圈套。這類「龐氏騙局」屢試不爽，一定要避免落入類似圈套，對「天上掉餡餅」的賺錢術，永遠不需要去靠近。

只做自己了解的投資

賺錢的方式有很多種，但不是每種都適合自己。比如收藏品就是個門檻很高的投資品種，雖有暴利，但也存在著各種風

險。僅國畫類就有仿製、改題跋、臆造、造印、假著錄等多種贗術。沒有專業知識，或沒有專業團隊輔助而貿然進入，往往會血本無歸。

對大額投資，應該集中於自己熟悉的領域。我認識某商會副會長，一直做金融，幾年前曾和我提起準備投資礦產，利潤很高。等兩年後再問她時，她說最後沒有投，因為其中涉及當地政府關係、開採安全、市場銷售諸多問題，也不知水深水淺，於是決定放棄。她的態度非常值得我們借鑑，不能被高利潤誘惑，「了解和熟悉」是控制風險的好辦法。

有充足的資訊和思考時間

上文所提到的馬多夫醜聞事件中，馬多夫在東窗事發前，故意營造私密空間，制定特殊遊戲規則，如果有投資者問得太多，馬多夫會請他離開遊戲。而富人往往礙於面子，不願被逐。透過這些手段，馬多夫成功阻止了很多想了解真相的人。

風險投資的合夥人常常會幾小時之內就確定把錢投給某家企業，其實背後有對行業的深刻理解，大量的盡職調查，有時甚至聘請專業諮詢公司搜集目標公司的背景資料。股票市場投資也是一樣。我的一個做基金經理的朋友，曾在大量調查後仍然無法確定一家製藥公司是否值得投資，最後只好連續幾個月去社區門口的藥店，定期看該公司藥品包裝盒上的編號，以確

定藥品的銷售速度。雖然等決定買的時候價格已經漲了20%～30%，但這些調查讓他持有股票時安心很多。「先了解，再投資」的程序可能會讓人失去些買便宜貨的機會，但能保證不犯錯。

跟著感覺走或懂得放棄

也許你在調查和思考後，仍然在投資時下不了決心，因為最後你會發現正反兩面的因素都在影響你。如果你是個相對有經驗的人，往往可以選擇跟著感覺走。但如果你覺得自己經驗可能不足，很難判斷，只是難以抗拒潛在利潤誘惑的話，放棄也不失為一種好的選擇。投資就像衝浪，錯過一個浪頭總還有下一個，重要的是不要被任何一個浪頭捲走。

削減費用，獲得更加穩定的收入

聽起來很簡單？不過很多人並沒有在投資成本和納稅方面給予足夠的關注。這也反映出投資者的思考方式局限於關注市場表現。投資者們急於找到下一支會走紅的股票，或者下一個債券市場上的超級明星，卻忽略了他們在成本和稅金上所遭受的慘重損失。這也從側面反映出投資成本和稅金的支付方式。每當我們完成交易，得到紅利和利息，或者從基金市場獲利的

時候，我們會仔細計算稅後報酬。從表面上看，投資決策和納稅之間似乎沒有多大關聯 —— 這也不足為奇。

與此同時，不論是自己做決策還是諮詢理財專家，我們都很難確切知道投資成本的細節。帳戶的持有費用，資產的管理費用，這些通常都從投資組合中直接扣除。而基金的費用則是每年從我們的收益中逐漸扣除。佣金一般表現在投資時的買入價或者銷售收益中。另外一個不能忽略的交易成本就是買賣價差，即市場會以較高的價格賣給我們股票，而以較低的價格從我們手中買回股票。這種現象無所不在，但又很難被注意到，因為這一切都隱藏在價格之中。有時，這種費用甚至比佣金更加高昂。

事實上，我們不可能避免所有的投資費用。如果購買基金或者僱用理財顧問，我們理應為這些服務付費。但我們最終需要明白，為什麼要為之付費，並確保這些費用不會過於繁重。

以基金為例，許多債券型基金的佣金是每年 1%，即每 100 美元的投資就需要我們支付 1 美元的佣金；如果這項費用是每年 1.5%，那麼每年我們需要為 100 美元的投資支付 1.5 美元。我們面臨如此高的花費，但即使我們找到了一個基金經理紅人，也不一定能獲得優異的報酬。在下一章你將看到，挑選一個優秀的基金經理並非易事。許多基金經理的表現並沒有和他們的收入成正比，也就是說，共同基金的表現通常是不如市場

平均水準的。

　　實際上，共同基金成本的不同是其表現存在差異的主要原因，對債券型基金和貨幣市場基金而言更是如此。縱觀 5 年內每一支表現最優秀的基金，它們都是實際花費最低的基金。但成本和費用並不是衡量股票型基金表現的重要標準。一個股票型基金的經理人甚至可以在大筆支出的情況下，仍然賺得盆滿缽滿。當然，持有或關注一些低成本的基金是合情合理的。

　　若採用諮詢理財顧問的方式，你可以要求顧問在削減花費方面下工夫。如今，你為理財顧問支付的費用可能為 1%。假若你的投資金額不大，這筆費用可能更高；如果你有一個價值為 7 位數的投資組合，你的花費則要少些。這 1% 的費用有多種徵收方式。有些顧問以佣金形式收取，有些按照投資組合價值的百分比進行分紅，有些按照小時收費，有些則實行年薪制或月薪制。按照資產百分比付錢的話，你所需支付的費用會年復一年的增長。若按照小時付費，那費用會高得驚人。

　　得到酬勞之後，你的顧問會提供各方面的理財幫助，包括建立一個靈活的投資組合，鼓勵你存錢，在市場動盪時叫你保持平常心，同時也給予你生活中的其他理財建議。關於顧問的職責，現在你需要多考慮一點：削減投資費用。根據你所要創建的投資組合類型，投資顧問每年能夠幫你削減 0.2%，甚至更多的投資費用，與此同時，他也能獲得更加穩定的收入。

你不能不知道的錯誤理財觀念

由於一些私人理財行業不成氣候，一些正確的理財觀念並不普及。反而流行很多錯誤的觀念。現在逐一將一些常見到，常碰到錯誤的觀念，在這解讀一下。

投資靠運氣，像賭博

買股票，輸上幾十萬的人士，數不勝數，輸過百萬以上也不少。但即使如此，這部分的客戶，還是很迷戀股票，每天都花時間在研究。

花大量時間，假如在事業上，還能拿到一定的報酬。在香港有一份研究，研究為何有些人會長年投資股票，到頭來也未賺過一分錢的現象。對這部分人，投資股票已經變成一種娛樂，不是正常的投資心態。因為任何事情，假如失敗的話，便不應再投，為何這些人不覺醒而一錯再錯三錯？

其實，他們已經是上癮，已經不是在投資，已當成一種娛樂。買中的時候，開心；買不中，當消費。

當人進入娛樂心態時，他是沉迷賭博，已經不是正常投資。這類人，通常老年都很落魄，原因是在他們中年，收入最豐富時，他們損失在股票上的錢以百萬計，他們賠掉幾十萬至幾百萬，即是將未來退休金全消費在這賭博的股票場上。

我碰到這類客戶，都不用跟他交談任何理財觀念，他根本聽不進去。他們不是我的責任，他的情況，只能由他家人，我想應該是他太太，用比較激烈的方式規勸他的這類龐大的消費，不然的話老年一定潦倒。他患上「賭癮」，跟「毒癮」一樣，很難戒掉。

要求 20%、30%報酬率以上

　　投資就像上學一樣，先小學、中學、然後大學。理財投資也一樣，先學懂 5%報酬、10%報酬，20%甚至 30%報酬已經是大學課程。

　　就算你是神童，一年學懂 5%報酬，第二年 10%報酬，第三年已進階到 20%、30%報酬，也需三年時間。

　　再者，房地產、基金、股票都有週期。所有週期都有三個階段：

1. 上升階段
2. 下跌階段
3. 徘徊階段

　　在上升階段，20%、30%報酬率都不難。在下跌階段，不賠便是贏。在徘徊階段，5%、10%報酬已經是最大的報酬。

　　例如：在一個典型的三年週期中 ——

- 上升階段：25％報酬
- 下跌階段：不賠
- 徘徊階段：10％報酬
- 三年報酬：共 35％報酬

即每年平均 12％報酬。

有人有 20％、30％報酬的要求，是他心態不成熟的表示。理財是一個規律，需要長期作戰，並不是一時的衝動。

這種人，讓他自己去碰釘子吧，他要自己經歷失敗的經驗，才會學懂正確的理財觀念。

風險管理的意識薄弱

有部分人，被證券公司、銀行或基金公司顯示的舊表現紀錄所迷惑，以為以往的表現好，便是以後表現的保障。

殊不知，任何投資工具，無論是房地產、股票、基金，都有潛在的週期，週期有明顯的三階段。

在上升階段的尾段，以往紀錄是很好，但未來的前景會很差，因為以往有一兩年的好景，好景不長遠，未來一兩年，便是下降，要勒緊褲腰帶，捱過去。

高報酬與高風險是成正比的。任何有 20％以上報酬的，都

有一定的下降風險。

如何管理好風險？—— 有兩種措施。

將金額縮小

先不要想得太樂觀，先逆向思維，假如賠了，你能負擔，還有其他本錢翻身嗎？

每週、每天監查價格

價格下調到某一水位，馬上持平。冷靜後，才再考慮。

客戶大部分工作繁忙，根本沒時間去理會，假如你沒時間，也要聘專人去監管你高風險的項目。

投資實業生意，是屬高風險

某位客戶曾對我說，我的行業，投 100 萬進去，可以賺回 100 萬，根本不用去投資任何事物。他也說得沒錯。

其實，實業生意，一樣有週期。一般有幾年黃金輝煌時間，然後進入利潤下降階段。到後期，如果企業不上規模，便進入微利階段。

在好利潤階段，的確什麼投資都不用考慮，專心打理生意便成。在利潤下降時，便要到處尋找下一個利潤點。但假如他理財有觀念，以往幾年賺回來的利潤，舉例來說如有三百萬，

打理得好的時候，如果每年 10％報酬，也能產生 30 萬的報酬出來，成為雙收入。

在微利時，投資利潤說不定還超過企業的利潤。在這階段，客戶便進入「資金運作階段」，已完全告別「資金累積」的階段。

有房、有車、有 100 萬存款，還需要什麼

沒有理財觀念的人，時常都會這樣說，他們沒有想過，假如雙親有大病時，就可能花掉 30 萬；假如有一天公司改組，你失業時，花大半年去找工作，也會花掉另外 15 萬元。到時候，你只剩下 55 萬元。還有孩子念書費用，夫妻二人的退休金準備，剩下的 55 萬還真不夠。

還沒算上每年 3％至 5％的通貨膨脹率，兩三年便將你的 55 萬貶值一半，只有 27.5 萬的購買力。

管好錢財，是每個家庭必經之路，的確要將它管理好，因為你將來的生活，需要靠它。

房產容易賺？

某些地區的房產由於起點低，所以幾年買下去的人，都全賺。但假如你在香港，房產已在高峰週期，房產的報酬率便會

很飄忽，不是穩賺的事情。

理財的主要功能，便是在便宜階段購入，持有幾年升值，到上升週期快完結時賣出，水漲船高，賺豐富的升值報酬率。

因此，認識的市場要廣泛。哪一處地方在低位徘徊時，便要研究。你可以看到，A 城市賺了房產錢的人，有部分轉投 B 城市。不要留戀同一處地域太久，因為每個地域或領域，都有其週期。

週期到頂後，不要留戀，不要向後望，好日子已然過去，尋找新的開發點，才是正路。

股市如戰場，你要記住的股市忠言

初入者切忌人云亦云，盲目買入，它是炒股失敗的必然

很多人剛進入股市的時候都是很盲目的，因為不懂股票，也不了解玩股票的規律，所以常常沒有主見，「聽風就是雨」，胡亂買股票吃了虧。

認定、堅持自己的觀點，最好不要隨風走

一個有成就的股民，一般都會堅持走自己的路，因為年齡、心態、學歷、經驗等各種客觀外在條件的限制，註定了各

股民都會有自己的理財方法，如果你今天聽了這個的話，明天又認定另一個人的話，那你始終都不會形成自己的風格。股市風雲變化，如果大家都做同樣的決定，那股市也就失去了它特有的魅力，你也將不會有大的作為。

股市如戰場，大家為了各自的目的，各種消息層出不窮，一個好的股民，他的理財計畫一定要獨立執行，真的想做一番大的事業，就必須做別人所不敢做的。

而作為一個初階股民在入市之前，最好能多方面了解股市的規律以及股票的基本知識，不怕不懂，慢慢摸索，以良好的心態，控制資金的投入，不要因為股票投資替自己和家庭的生活帶來風險。掌握好這個基本原則之後，在自己資金不吃緊的情況下，拿出一部分錢來，抱著「玩」的心態，邊學邊實踐，實踐獲真知，這才是炒股的正確心態和方式。當經驗豐富了，你會形成自己的炒股風格，然後根據自己的風格，堅持去做，去嘗試，最終會獲得你想不到的收益。

「股神」巴菲特就是這樣一個人，他炒股的觀點很堅決，也很簡單。他認為自己不是在買股票，而是在購買公司的資產，只要他認為股票的價值低於公司資產的實際價值，他就會買進，假如股票的價值高於公司資產的實際價值，他就會賣出。只是這麼一個簡單的觀點，他一直堅持著，並且成功了，所以他成了「股神」。

炒股最好走在熱點前面

股票投資，還是要走在熱點前面。否則，老跟在別人屁股後面，總會要吃虧。等你看到了股票在升值，然後再把錢投進去，可能就已經晚了。

美國曾經有個最著名的冰上曲棍球運動員，一生進了無數個球，而且他防守也總是很到位。一次比賽結束後，有個記者問他：「為什麼你總是能打得這麼好？你有什麼祕訣嗎？」他回答道：「因為我從來只朝著冰球即將到達的地方跑去，而從來不追著冰球跑。」

這就是他為什麼成功的祕訣！

假如，你是一個想進入股市（或已經進入股市）的朋友，建議你在選擇股票的時候能常常想想這個故事。

「牛」市不一定不賠錢

前段時間，火爆異常的股市成為老百姓茶餘飯後談論的焦點，似乎現在不談談股市就不過癮。在這一輪牛市中，老股民欣喜若狂，新股民蜂擁而入，這讓寂寞許久的市場重新找到了火熱的感覺。

然而，沒有只漲不跌的市場，在經過半年多持續上漲後，牛市終於在 IPO、再融資等新政策的影響下止步。在回顧這輪

牛市時，很多投資者紛紛感嘆，好長時間沒有這麼舒心的賺錢了。可是，也有不少的投資者抱怨賺了指數不賺錢，甚至有投資者嘆息牛市中照樣賠錢！

別再迷信「長期投資」了

　　長期投資很像男女關係，按時間長短可以分為「一夜情」和「結婚終老」。如果對比到投資中，就是「短線投機」和「長期投資」的區別。所有人都告訴你投資需要長期，但很少有人能說出長期投資需要的前提。遺憾的是，人們對於情感大都很謹慎，很少有人會一衝動就和自己不了解的人結婚，但在投資上，很多人卻缺乏研究，在不了解的情況下就拿著自己半生的積蓄投入到一種自己並不了解的資產中去，結果虧得很慘。不是路上隨便拉個女子就能結婚當太太的，同樣，長期投資不是絕對的，也不是無條件的。

沒有調查，長期投資等於賭博

　　婚姻並不是兩個優秀的人結合就一定會有好結果的。結婚時幾乎所有人都抱著共度一生的初衷，但最後有人美滿一生，有人卻滿身傷痕。幸福的婚姻往往有共同點：深入了解，建立信任，有共同的價值觀。

成功的長期投資也需要這些前提，只有經過仔細的判斷和了解，才會對一項投資品有信任感。

投資比婚姻更簡單的地方在於解約相對簡單。不要幻想自己的長期持有能換得一家上市公司前途的改變，這是不可能的。投資上發現錯誤，要果斷「離婚」。與錯誤的品種共同生活越久，痛苦越大。

縱然值得，也要適度

電視劇女主角最後有段感言：婚姻就像用手捏沙，抓得越緊，沙漏得越多；將手掌攤平，倒能盛起沙來。如果你有幸找到一個夢中情人般的完美伴侶，也請記住為雙方留出空間，過度關心或把自己的一切心力全撲在對方身上，一定會讓雙方覺得壓抑難受。

在長期投資上，只有用真正長期的錢來做，才會有好的心態。如果你用的是「零花錢」，即使虧完了也不影響生活，自然心態很好，不懼波動，也有膽長期持有；但如果把全家養老的錢都押上，而等 10 年，一定會緊張，因為任何一個 20％的波動都會讓你想到可能最後 5 年的養老錢沒了，結果就是割肉。

所以除非你是專業投資人，否則不要隨隨便便的把絕大多數資產放在長期投資上，只有用虧得起也等得起的錢，才能保證你的投資會長期。

別忘了自己的年齡

如果真的發現了值得投資的品種，就趁早介入，此時你唯一需要做的就是耐心等待它的上漲。就像發現了好的結婚對象，如果遲疑等待，最後結果就是成本提高，難度加大，或乾脆被別人先下手了。

投資時應該考慮自己的生命週期。不要忘了自己的人生階段。如果有位 80 歲的老先生極具慧眼，發現了一個年輕藝術家，準備買斷他的作品，那需要小心了。因為要等藝術家成長起來，不知是 5 年後還是 15 年後了，到時老先生是否還能享用收益呢？同樣是基金定期定額投資，70 歲以上才開始投入意義就不大了，因為定期定額效果雖好，但見效慢，不適合老人。

長期投資在中年時做是最好的，因為此時資產和經驗都夠，也有時間享受餘下年度的收益。

火山噴發一次，會沉寂上百年

長期投資也存在時機問題。勞勃·席勒先生做的一項調查很有意思，發現長期投資的效果和堅持 10 年還是 20 年沒有直接關係，關鍵是你在什麼時間點開始長期投資，比如從 1929 年開始和 1989 年開始，投資 10 年結果會完全不同。同樣是 10 年，前者將使你虧損 60%，而後者會讓你有約 400% 的收益。

就像火山一樣，累積一次的噴發能量可能需要上千年，而噴發之後，又會沉寂上百年。投資也是如此。不要在市場最瘋狂時進行一次性的長期投資，從其他市場的情況看，之後可能讓你難受 10 年以上。

任何極端天氣都無法持續很久。如果運氣好，一年內能獲利 100％以上，對多數人來說，還是忘掉書本的教條，暫時先撤吧。

女人要學會改變自己的投資心態

一直以來，女性在理財上給人的印象，要麼是斤斤計較存小錢，要麼就是衝動消費不知收斂。根據調查，女性在投資上相對於男性來說較為保守。多家銀行及投資顧問公司的調查也普遍發現，由於女性多半必須兼顧家庭與事業，使用的投資工具多以定期存款、購買保險等較消極保守的投資理財工具為主。

若在經濟不景氣的投資環境中，女性保守心態下的投資績效可能相對較優，但面對瞬息萬變的新經濟環境，女性如不改變投資的心態與行為，在理財上終將成為弱者。

現代社會投資方式日趨多樣，許多女性總是覺得投資理財是件困難的事，懶得投入心思，但需要提醒妳的是，妳的工作技能可能已不合時代需求；家庭狀況可能會面臨改變；伴侶

可能無法依靠；子女也可能遠離妳；而妳的父母還需要妳的照顧……妳的一生都離不開錢，唯有妳自己才能真正保障自己的財務安全。而面對自己的財富，如何進行管理和投資呢？相信很多女性朋友都非常關心這個問題。

在理財方面，女性容易步入誤區，從而在很大程度上阻礙女性理性理財。以下就是一些常見的女性理財誤區：

能賺錢不如嫁個好老公

許多女性往往把自己的未來寄託於找個有錢老公，平時把精力都用在了穿衣打扮和美容上，卻忽視了個人創造、累積財富和能力的提高。許多女性凡事都依賴老公，認為養家糊口是男人天經地義的事情，但長此以往，必然會受制於人，女性在家裡的「半邊天」地位也就會發生動搖。所以，作為現代女性，應當依靠為自己充電、掌握理財和生存技能等方式，自尊自強，在立業持家上展現「巾幗不讓鬚眉」的現代女性風采。

理財求穩不看收益

受傳統觀念影響，大多數女性不喜歡冒險，她們的理財管道多以銀行儲蓄為主。這種理財方式雖然相對穩妥，但是現在物價上漲的壓力較大，存在銀行裡的錢弄不好就會「貶值」。所以在新形勢下，女性理財應更新觀念，轉變只求穩定不看收益

的傳統觀念，積極尋求既相對穩妥，收益又高的多樣化投資管道，比如開放式基金、炒匯、各種債券、集合理財等等，以最大限度的增加家庭的理財收益。

跟隨潮流避免理財損失

許多女性在理財和消費上喜歡跟隨潮流，常常跟隨親朋好友進行相似的投資理財活動。比如，聽別人說參加某某投資收益高，便不顧自己家庭的風險抵禦能力而盲目參加，結果造成了家庭資產流失，影響了生活品質和夫妻感情；有的女性見別人都替孩子買鋼琴或讓孩子參加某某高價培訓，於是不看孩子是否具備潛質和是否愛好，便盲目效仿，結果最終收效甚微，花了冤枉錢。

針對以上女性在理財方面容易出現的阻礙，特提出相關的策略，可以作為女性朋友的參考。

相信自己能做得到

許多女性在各自專精領域已經相當傑出，在理財上可能因為不是自己的專業，似乎有些不夠自信。但是由於關係到自己未來的生活是否可以過得更愜意，女性應該多了解一些理財方面的事，不妨考慮交一個會理財的好朋友，甚至可以諮詢一些理財專家，或是多閱讀一些理財方面的報刊、書籍。其實以

女性的敏銳思考能力，假以時日，絕對會把自己培養成為理財高手。

廣泛涉獵相關知識

女性喜歡錢的程度不亞於男人，與其讓自己的錢幾百元、幾千元的往上儲蓄累加，何不努力多搜集相關資訊，找出一套適合自己的投資理財的方案，讓投資代替存錢呢？

多種投資

女性對於需要冒險精神、判斷力和財經知識的投資方案總是有點敬而遠之，認為它太過麻煩。但是當女性簡單的將錢存入銀行而不去考慮投資報酬和通貨膨脹的問題，或太過投機而使自己的財產處於極大的失敗危險之中時，她們卻忘了這將為她們帶來更大的麻煩。

新女性不帶現金新主張

現在已經不流行身懷鉅款去消費了，用信用卡、電子錢包就可以搞定一切。只須在銀行戶頭裡存夠半年用的生活費，剩下的錢就應該放在獲利高的投資工具裡。只要對理財有正確的認知，就不會把很多錢放在銀行裡生利息。

以上提出的幾點意見對女性朋友理財是很有幫助的。只要

能走出理財誤區，採取相應的理財策略，那麼妳就可以成為真正的理財專家了。

財商，成就女人的未來

做富翁，做百萬、千萬、億萬富翁，幾乎是所有人深藏於心的夢想。然而真正成為富翁的人並不多，大多數人依然為了養家糊口終日奔波。

富翁與普通人之間的根本區別在於什麼地方？是智力？是運氣？是某種神祕的東西嗎？其實都不是，答案很簡單，不過是兩個字而已 ── 財商。

「財商」，一個聽起來有些彆扭的詞，它實際上是指一個人認知和駕馭金錢運動的規律的能力，是一個人多種智慧和個性特質在理財素養上的綜合表現，並透過實際的經濟經營活動所顯示出來的致富的智慧和能力。它包括三個層面的內容，即財富觀念、財富素養、財富創造。財富觀念是指對金錢、對財富的認知和理解，沒有財富觀念，便會缺少致富的信心和動力，缺乏創造財富的心理基礎。而財富素養是我們必須具備的個性特質、知識累積等，其中知識不單單指商業知識，掌握一些文化、法律知識對經營一份財富也是非常必要的。最後，拿起你的觀念和素養武器，投入到創造財富的實際行動中去，要敢

想，更要敢做。財商不是一種僵化的能力，它是一個不斷發展的動態整體。以觀念和素養指導致富實踐，而同時，創造財富的過程又在不斷更新和豐富著你的財富思想。

財商高的人能夠輕鬆的理順人生與金錢的關係，善於發現致富的管道，他們很容易在人群中脫穎而出，做出一番不平凡的事業。他們的生活充滿挑戰，每一次致富實踐都是一次全新的人生歷練。他們很快樂、很充實、很成功。

在高度發達的現代社會，女性地位獲得了前所未有的提高。呼喚獨立、平等，呼喚女性的地位與權利成為女性生活的主題。但不知妳有沒有想過，如果在金錢、在經濟地位上尚且無法獨立，又怎能獲得真正意義上的人格獨立呢？

女人要成為與男人比肩而立的「第二性」，就應當努力鍛鍊自己的財商，化被動為主動，不但要以能夠養活自己為榮，更應為善於創造財富，邁向事業頂峰而自豪。

實際上，就財富素養來說，女性比男性更接近於百萬富翁的良好素養的要求。女性的許多個性特質，男性很少或根本不具有。其中最重要的莫過於直覺。女人的直覺能力比男人準確。女人似乎有一種先天賦予的特性，她們對某些事、某個人常常不用邏輯推理，單憑直覺就能準確看透。而男性在這方面則望塵莫及，這就為女性在創造財富的過程中及時捕捉機會提

供了有利條件。

此外，女性的發散思維能力優於男性，她們對某件事進行思維決斷時，常常會設想出多種結果。而男性則習慣於沿襲一種思路想下去。發散思維能力，恰恰是新產品開發、企業形象設計等方面所要求的。

還有，女性比男性有更大的堅持力和忍耐力。女性一旦對一件事情認定通常很難改變自己的觀點。雖然會有固執之嫌，但哪一個富翁會是搖擺不定的呢？同樣，女性對同一件事總是比急不可待的男性更有耐心。創造財富是需要一些耐心的。

至於女性的誠實、可靠、思維縝密、富於道德感都令女性在財商評分上比男人多了一些優勢。所以，讓我們充滿自信的說：「百萬富翁不是男人的專利。」

女性致富路上的主要障礙不是財富素養而是財富觀念。因為畢竟，錢不是從天上掉下來的，創造財富的過程必然伴隨著勞累與辛苦，流盡了汗水也許還免不了遭受失敗的打擊，女人往往擔心等到功成名就之時早已年老力衰了，還會擔心一個執著於創造財富的女人在別人眼中是多少缺乏女人味的。

其實大可不必，只要妳付出了，便不會一無所獲，妳的每一個經歷都是一筆寶貴的人生財富，辛苦也罷，勞累也罷。那份心靈的充實感一定不會讓妳失望。誰說這樣的女人不美？她

自信滿滿，是鏗鏘玫瑰，比倚靠在男人羽翼下的嬌柔薔薇更添一種獨特的風韻。

有一個平凡的女性，便是從弱女子成為為人景仰的強者，昂首挺胸走進了富翁的行列。

她的童年在孤獨與不幸中度過。母親早逝，父親新娶的後母對她百般虐待。她渴望別人的關心與愛護，便早早出嫁，希望一個新的家庭能夠帶給自己幸福。誰知草率的婚姻將她推向更為艱難的境地，丈夫是個不負責任的酒鬼，沒多久，便扔下她和四個孩子，不知去了何處。

為了養家糊口，她到處奔波，教育程度不高的她只能賺到一點點微薄的薪水，為了生存她必須斤斤計較每一個小錢。

有一天，她在菜市場與小販大吵了一架。「窮酸樣，買不起快走！」那人尖刻的話語像鋒利的匕首捅在她心上，她奔回家，趴在床上痛哭了一場。

然後，她擦乾淚水，下定決心開始全新的生活。

每天下班忙完家務後，她開始了財富素養的鍛鍊，學會計知識、學商務知識，當然文化知識也是不可少的。她並不比別人聰明，只是更有耐心、更能堅持。一年後，她找到了一份好工作，在一家私人企業做會計。

這時，她已經變得很有自信，既然掘到人生的第一桶金，

就應該大膽去創造新的財富。她加倍用心的工作，將自己所學到的付諸實踐，同時細心的觀察本公司與其他業務夥伴的經營、運作方式。為了使自己達到更高的水準，她常去附近的大學旁聽，她涉獵的內容很廣，經濟、政治、法律、外貿等，她深信這些方方面面的知識在她的致富道路上都將發揮作用。

不斷的累積使她更善於思考，眼光更敏銳。她發現自己對家庭裝飾很感興趣，就著力吸收這一行業的知識。她乾脆辭去了工作，小試牛刀，租了一家店面，從事家庭裝飾品的銷售。當時還很少有專門的家庭裝飾品店，和建材一起出售的家裝用品都顯得平常、樣式單一。而她的小店中琳琅滿目的漂亮裝飾品很快吸引了內行人的眼光，並為她帶來了第一筆生意……

不久，小店面變成了大商鋪。她的生意越做越大，終於擁有了屬於自己的企業。她並未滿足於現狀，而是繼續不斷尋找新的財富點，不斷創造新的輝煌。

許多年過去，她早就成為商界女強人，一個億萬富翁。我們不禁要問，她憑什麼獲得成功？她智力平平，沒上過幾年學；她沒有貴人相助，全靠孤軍奮戰；她壓力繁重，四個孩子的衣食住行全靠她一人打理……

其實，原因不過還是那兩個字——財商。不甘於貧窮，不想再被金錢奴役，要做個富翁，讓金錢為自己服務，這是財富觀念；努力學習、吸收知識、提高能力，再苦再累也不放棄，

這是財富素養；勇於行動，看準了就去實現自己的財富計畫，不怕失敗，百折不撓，這是財富創造。

她所做的一切我們都能做到，何況，我們這些受過高等教育，思想更為先進、素養更為全面的新女性本身就具備很多比她優越的先決條件。所以，馬上將自己的頭腦在財商方面一點一點的武裝起來，不懈的發展、充實、豐富自己的財商，做一朵為自己驕傲的「鏗鏘玫瑰」吧。

控制自己，拒做「Buy」金女人

每當百貨公司的年中慶或週年慶，廣告、折扣及贈品吸引了很多女性朋友流連忘返，一不小心，下個月的信用卡帳單可能就會戰果輝煌。如果妳可以聰明消費，做好信用卡管理，絕對可以精省小錢，消費不吃虧，完全拒絕做一位不懂精打細算的「Buy」金女！

各大百貨公司的週年慶真是遐邇聞名，這些週年慶甚至締造了許多「消費奇蹟」，讓很多的女性朋友荷包大出血。

這些消費盛況真是讓人大開眼界。往往早上七八點，天才剛亮，百貨公司門一打開，隨即湧現萬人潮。有些人請假、不上班，就是要搶購限量商品。有穿著時髦的時尚美眉，頂著洋傘在排隊；也有裝扮美麗的貴婦，等著搶買一瓶 25 萬元的頂級

乳霜。百貨公司的一個週年慶，光是一個樓層化妝品瘋狂搶購的銷售狀況就是平常的幾十倍；有些百貨索性六十小時不打烊，賺得盆滿缽滿。

而除了週年慶典之外，現在服飾、夢幻內衣，甚至是日本北海道帝王蟹，都可透過電視或網路來訂購。在家裡看電視，只要一不小心，下個月的信用卡帳單就可能「炮火連連」。看到螢幕上光鮮亮麗的名模在走秀，很多女性也想試試自己在紅地毯走秀的俏麗模樣，幾秒鐘的想像空間，幾萬、幾十萬塊的金額，就可能因此從指縫間溜走！

很多粉領女性、單身熟女，甚至是年輕的媽媽族，因為消費不節制，而成為「月光族」、「透支族」，甚至是債臺高築的「負債族」，然後躋身「跳樓一族」。看來，聰明消費及做好信用卡管理，真是女性朋友一個非常重要的理財課題。因為，花錢消費，應該是要讓自己的生活過得更好，而不是要讓自己背負債務，甚至要花費掉自己的養老錢，那還真是得不償失！

可是，很多人還無法察覺自己的消費無度。那麼，到底要怎樣才知道自己是不是位「Buy」金女呢？先看看妳是否有以下的情形：

1. 衣櫥裡塞了 5 件以上沒穿過的新衣服。
2. 心情變化很快，花了錢之後，心情馬上又低落了。

3. 走到店面準備購物就覺得異常興奮。

4. 把婚禮或活動當成 Shopping 的藉口，而不是著重於分享別人的幸福、快樂。

5. 已經債臺高築，入不敷出。

先別急著創造經濟奇蹟

行為學研究學者曾經指出，沒有錢的人站在商店櫥窗前，如果感覺到身邊有人，就會先讓到一邊，因為這些人知道反正什麼也買不起，所以更願意讓路給有潛力購物的顧客。

可是年輕女性可不同，就算刷爆卡，名牌包包裡只有少許現金，一樣展現強而有力的消費潛力。

有人曾經統計過，一般粉領上班族，每個月花的交通費、喝品牌咖啡的費用、置裝費，以及和朋友唱 KTV 等娛樂費用還真是不少。

如果妳能確實節流，減少這類吃喝玩樂的開銷，每月省下兩三千元的資金不算難事。財富的累積速度本來就需要時間幫忙，如果妳總是怨嘆自己是「月光族」，卻又羨慕那些開名車、有千萬存款的菁英女性，那麼，妳理財的第一步，就是要先改變目前的消費習慣。

改變你的消費習慣，要有預算的觀念，如趁著百貨公司的

第四章　選擇適合自己的投資：像投資自己那樣去理財

週年慶典買東西，原本是很合算的，但是，趁著打折的時候買東西，是要用較少的金錢買到想要的東西，而不是因為打折期的閒逛而產生更多預算外的花費。沒有預算的觀念，雖然每天都可以買到很多意外的戰利品，但是，每個月妳收到帳單時，在支出方面，也可能會產生令妳意想不到的天文數字！

其實，購物是一件讓人心曠神怡的事情，聰明的女性朋友可以運用聰明的省錢購物絕招，讓自己在買東西時精省「小錢」，然後讓「小錢」去滾「大錢」，才不會到最後望著滿屋子買回來的戰利品及帳單，搖頭感嘆自己是個敗家子！

追查每一分錢的來龍去脈

追查每一分錢的來龍去脈，最好的方法就是做好存摺管理，因為現在大部分人都把錢存在銀行，存摺上會記載我們在銀行所有資金進出的記錄。聰明的女性每個星期至少刷一次存摺，或在網路上銀行查看金錢進出的往來狀況，只要 5 分鐘的時間，就能了解每一分錢的來往狀況，進而提醒自己要開源節流。

養成記帳的習慣，拒做「Buy」金女

聰明的女性會時時刻刻盯緊自己的收支狀況，身邊會有一個小帳本，把每天的消費支出都記下來，然後每個月進行比

較總結，看看哪些錢該花，哪些錢不該花。然後在下個月消費時就會注意，從而節省開銷。收集發票也是一種簡單的記帳方法，因為收入多半是由公司直接存入戶頭，支出較為複雜。將發票按日期收納好，不但可以兌獎，還可以從中分析出自己在衣食住行上的花費，拒做「Buy」金女，更可以讓自己成為小富婆。

有人說，美麗的女人懂得投資外在，聰明的女人懂得投資內在！做個內外兼顧的美麗女子，做好預算，把錢花在刀刃上，就是最基本的理財功課。充實自我的理財觀念，才能讓每一分財富，都能在生命中發揮恰到好處的作用。

單身未婚的你是租房或是購房

前幾年，如果有人問你租房合算還是買房合算時，你以及大多數人的回答可能都是：有錢，當然是買房合算。「租房子就像為別人工作，而貸款買房則是為自己工作。」誰都想擁有真正屬於自己的一個避風港，一個溫馨的小窩，在他們看來，「租的房子不是自己的家」。在房地產交易市場上，很多年輕人都有類似的想法，看房的人中年輕人也占有很大的比重。

但現在，大概你的想法可能也不會變，只是現實逼迫你慢慢來計算一切，認為租房合算的人也就逐漸多了起來。甚至

有人把自己唯一的住房賣了去租房子；一些本來打算買房結婚的年輕人，也重新考慮起租房結婚的可能性。有些人也表示目前更樂意租房子，認為「買房的話，只能是為銀行和房地產商工作，天天擔心有特殊事情花費，月月都為房貸發愁，整個人都被金錢和房子奴役住，這種生活真的很累，精神壓力也太大了。」

那麼，哪些人適合租房，哪些人又又適合買房？租房或買房，到底孰虧孰贏？哪個更合算？有些經濟學家算過一筆經濟帳，還銀行 20 年的借貸利息，相當於甚至高於租 20 年房的租金費用。比如以現在的房價，在 A 城市一般的位置買一間 800 萬元左右的房子，頭期款要 250 萬元，貸款 550 萬元 20 年期，每月要支付的利息就要 23,000 多元，而同類房子月租金也就 18,000 多元。如果再算上裝修和頭期款的利息，每年節省的資金可能就有好幾萬元。這樣有些人就考慮了，「如果將沒有支出的頭期款和裝修費用投資到收益更高的地方，會不會更加合算呢？說不定房價真的會下降呢？我應該用這筆錢更好的發展自己的事業。」另外就是一些需要大量貸款才能購房的年輕人，對他們來說，大量的貸款會抑制他們的發展空間，選擇租房可能更合算。

而對於有父母資助，資金寬裕的部分年輕人，似乎購買自有住房比較合算。從長期來看，在一個比較成熟穩定的房地產

市場，投資房產的報酬率應該圍繞著貸款利率上下波動的。如果不是在合理範圍內，市場上可供出租的房源和有需求的租房量就會反覆調整，使市場保持合理的狀態。在一些房地產價格保持穩定的發達國家，住房的自有率基本保持在 60%、70% 這樣的水準。而在房地產市場逐漸趨於理性的大背景下，房租支出一般不會低於存款利息，租房的和買房的都不會吃大虧或者占大便宜。租還是買，取決於生活方式。當然，對於租房買房哪個合算，還要全面考慮生活、工作、將來或現在子女培養、教育等方面的需求。工作、生活不穩定時，租房可作為更多年輕人的選擇。

小劉，36 歲，未婚，現在她已在外商工作了 15 年，1999 年派到 A 城市，負責兩大地區的管道開拓，業績斐然，春風得意。她每個月一半時間都在出差，有兩個星期留在 A 城市辦公室，住在公司安排的公寓，只她一個人住，有阿姨隔天來幫著打掃及煮飯，生活愜意。她喜歡購物，整個公寓滿地都是搜獵來的裝飾品。

因為太忙、太奔波，出差時曾摔過一跤，傷得頗重，現在偶然還會痛。因為時常出差，沒時間交男朋友，也沒有經濟上的需求。

公司最近換了一位總經理，總經理想將她以往的住房津貼等取消，對她暗示一兩年內，她可能會調回 B 城市總部。

她有銀行存款 250 多萬，每月也能儲蓄 5 萬多。現在有一半資金買了基金，一般資金是現金。基金購入是中長線，基金表現不是太好。她也不知道應該怎麼辦，自己的財經類知識也很有限。

　　她有幾方面，正在考慮：

· 不知道應不應該買房子。假如買，在 B 城市還是在 A 城市？

· 一兩年後，她想她的事業還是應該在 A 城市發展。

· 基金表現一般，但總比銀行 1%的利息好。

分析：可以從幾個層面去分析

1. 事業是否是人生的一切？

2. 兩個城市，何去何從？

3. 健康

4. 資產保值

5. 事業可否是人生的一切？

　　現在的高薪工作，的確能將人生扭轉彎曲。高壓力，往往使人將每個人每天的精神全放在裡面，沒有時間為自己的時間去打算將來。

　　由於能自給自足，也由於生活圈子的窄小，現在已儲蓄超過 250 萬，每月能儲蓄 5 萬元左右。

在年輕時，事業正在衝刺（25 歲至 35 歲），分配在事業和家庭比例是 9：1；現在（35 歲至 45 歲）應平衡一些，事業和家庭逐漸變為 7：3；再到年紀再大（45 歲至 55 歲），事業和家庭時間分配應變為 5：5。

畢竟，工作的事業變數很多，諸如改組、公司改革也常見。家庭也是一種事業，也需要時間去培養。建議她多花時間，擴大圈子，多認識一些事業以外，沒有利益交往的朋友。

每個人都會到 60 歲，退休時，同事之間感情會人去茶涼，剩下只有事業以外的朋友。

所以在工作時，一定要建立同事以外的朋友。我們都要實際一點，同事無論感情多好，你只要不在職位上，同事的感情都會變得很淡，你只剩下你以往的朋友。因此，工作多忙，也要撥一些時間，培養一個工作以外的朋友圈。

這個案例，也是我碰到的不少成功女性的一個寫照。

年近 40，單身，不缺錢，青春已過，就是沒有男伴。她們的傳統觀念，甚至她家的觀念，都應該是男孩購房，女孩單身購房做什麼？

她有 250 多萬，感覺自己很富有，其實並不是。一般 40 歲的人，成功的，已經買了一間房子，市值 600 萬至 1,000 萬，都放在房子裡。她沒有購房，資產還是現金，購買基金也虧

本，錢正在一年一年的貶值。

由於經濟發展迅速，除了偶然政府打壓高房價外，房價到頭來還是一年比一年貴。便宜的房價會一去不復返。

趕快去挑選合適的房買來自住，是不會錯的。

兩個城市，何去何從？

其實她心中已有數，半年後公司重整，她便會失去工作。她不想回 B 城市，相信到時候會留在 A 城市找工作。她已準備要花半年時間去找，未來工作待遇也可能會是現在薪資的 6 折。

每月供款，7 年供滿的退休計畫，可以去實行。

由於她沒有家庭負擔，老人也有其他保障，她不需要太多的保險保障，一個簡單的 150 萬分紅險便足夠了，保險每月 10,000 元，10 年期。

健康

由於以前受過傷，所以身體有一些小毛病。現在她應該注重運動，調理身體。

購買兩種醫療保險：

· 住院保障險：手術費保額 100 萬。

· 重疾險：包括 25 種重疾，例如癌症、心臟病等重疾，保額 250 萬。

以上兩種保費，每年花費 5 萬元，但物有所值。

年輕時用體力青春去賺錢，年老時用錢去買健康。由於她時常出差，意外發生的風險比別人高，健康險要買得足夠。有健康，才有精力去賺錢。健康是事業的前提，要留意，凡事量力而為，不要太牽強。

第五章　留足你過冬的糧食：

提供應對人生困境的解決方案

保證你找到任何工作的實用方法

地裡的莊稼是先播種，再澆水施肥，經過辛勤勞動後才能結出果實；爐子裡的火和熱量是要放進木頭或煤炭，然後才會釋放出來。道理就是這樣簡單——你要先付出，然後才能得到。

找工作也是一樣，你要先付出，後得到。在找任何你喜歡的工作時，你要求第一個月免費工作，一個月後根據你的工作業績和表現讓老闆來定薪水，這種方法能確保你找到你喜歡的工作。當然前提是你必須能勝任你要找的工作，而不是濫竽充數。

現在社會上，有些人常年待在家而找不到工作，既然你能浪費 12 個月的時間不工作，為什麼不能拿出一個月來先付出而不要薪水呢？

有些大學生剛出校門找工作時就提出很多待遇要求，我想忠告這些年輕的學生，應該首先想想，你到底能為公司帶來哪些業績，你能先為公司付出什麼，然後再想你應該得到什麼。

如果你的想法不能改變，你總是想先讓火爐給你熱量，然後你才把煤炭或木頭放進去，那麼，你可能永遠找不到你想要的好工作，你會總是不走運，你的命可能真的是窮命。

辛勤工作會為你帶來好運

1. 即使身為奴隸，辛勤工作也會為你帶來好運。因為任何一個主人都不會將辛勤為他做事的奴隸打死，他們也會喜歡勤奮努力的人，並且善待他們。

2. 喜歡你的工作，把辛勤工作當成你最好的朋友！這樣，幸運就會和你結伴而行了，不僅可以使你免遭厄運和災難降臨，甚至有時還可以挽救你的生命。

3. 任何財富的累積總是從辛勤工作開始的，你越努力工作，你就越容易更快更多的賺取金錢，也就容易成為財富自由的人。

4. 幸運只偏愛那些辛勤工作的人，諸神也會眷顧惠賜他們。厄運則必然會降臨那些厭惡和漠視工作的人，他們將與苦難為伍，悲慘一生。

5. 辛勤工作是創造運氣和財富的真正祕訣，這個祕訣對任何人都簡單有效，無一例外。堅持這一信念既能解救自己於苦難之中，更能成就自己的精彩人生。

6. 與其能夠繼承富有前輩的財產饋贈，不如傳承他們辛勤工作的精神特質和啟示。這樣，你最終就能和他們一樣富有、榮耀並令人敬重。

只要你努力，方法總比困難多

在英文裡有句話，是說上帝每製造一個困難，就會同時製造三個解決它的方法出來。所以，世上只要有困難，就會有解決的方法。而且「方法總比困難多」，只是你暫時沒有找到合適的方法而已。

水龍頭漏水，自然有解決的方法；自行車輪胎漏氣了，自然有解決的方法；電視機的品質不好，自然有解決的方法；你銷售成績不好，自然有解決的方法。同樣，你的收入不高，自然有解決的方法；你的技能不夠好，自然有解決的方法。問題是你怎樣去面對這一個又一個的困難，是怨天尤人、怨老闆、怨同事、怨客戶、怨工作太難、怨報酬太低，還是積極面對主動想辦法來解決這些困難。

愛迪生在發明電燈時，遇到過無數困難，但沒有放棄自己追求的目標，他堅信總有辦法解決這無數困難，所以他一再堅持實驗，經過了一千多次的難關，終於發明了電燈。王永慶在早期賣米時，營業額一直上不去，但他不氣餒，他堅信總有辦法，他主動送米上門，並記下每戶有多少人口，這次送的米大概在多少天後會吃完，然後再去送。他還記下每戶人家發薪水的時間，到時候去收米錢。

我的一位朋友在雪梨想創業開一家商店，啟動資金總是存

不夠，但他堅信有辦法解決。一個偶然的機會他看到許多人搬家時扔出的垃圾中，有電視機、冰箱、床、桌子等物品，他有心收集了雪梨各區扔大型垃圾的時間（雪梨各個區政府都規定一年有兩次扔大件垃圾的時間，然後由政府的車免費運走，否則不許扔，或者自己付費送到垃圾場去）。他白天工作，晚上開車去拾垃圾，然後到週末的跳蚤市場去賣，不到一年，他就存夠了開店的啟動資金。

人的大腦是個有靈性的創造體，當你想有辦法時，大腦會一直在工作幫你找出解決問題的方法。

我的一位客戶張先生，他在辦理移民時遇到過兩次失敗，第三次找到我，他說「我這個人辦事是撞了高牆也不灰心，我非要用頭撞出個洞然後鑽出去。」我很欣賞他的這句話，果然，他如願以償在澳洲辦起公司，也全家移民到了澳洲。

告訴你五種增加收入的方法

社會的發展速度很快，市場空間實在不少。很多企業薪水不高，工作也不辛苦，能準時下班，不用加班。

空閒的時間比較多，可以多賺些外快貼補家用。

以下五種增加收入的方法，算是普遍存在。

IT 人士增收方法

　　中小型公司，一般很少會專門招聘一個專人，做公司的網路。由於中小型公司，IT 的工作量不大，多數只是：

- 　安裝網路。
- 　防毒。
- 　製作公司的網站。

　　很多 IT 的技術人員在閒置時間，都能替客戶辦到以上的事情。

　　假如你很有時間，每週便能空出一兩天工作日，每月便有五六天時間替客戶做這些事情。一般一天收費大約 1,000 元左右，每月五六天，也有 5,000 ～ 6,000 元的收入，有些公司更是包月，每月給你上萬元，解決他們所有的 IT 問題。

　　中小型公司相當多的地方，這些簡單工作，都不難找到客戶。要每個月找到穩定客戶，便需要一個有效的方法。

廣告、公關人士

　　廣告企劃、美術設計、宣傳活動，假如你在以上行業有七八年的工作經驗，也是不愁沒有工作源的。

　　我認識一些廣告界高層，由於在大公司工作壓力大，工作

量重，每晚都工作到深夜，根本就沒有星期六或星期天的休息時間，好幾位都辭去高層工作，自己跑出來接案。

薪水沒有以前高，但每月還都有 30,000 ～ 40,000 元的收入，每週只須工作三四天，自己的時間比較充裕，生活過得比以前更充實。

家庭主婦增收方法

沒有工作已達十年的家庭主婦，如何增加收入，這的確是一個難題。

我碰到過幾個家庭，其中兩三位家庭主婦的經歷能為我們的讀者提供一些參考。

交友廣泛的主婦，轉去做保險業務員。雖說保險產品有點單調，但是用心去做，半年便會上手。困難是去找客戶，所以交友廣泛的主婦，能賺到每月 15,000 元至 25,000 元左右。

在網路上賣芭比娃娃。這位主婦很喜歡玩芭比娃娃，收藏了很多娃娃的衣服及配件，後來自己更為娃娃縫衣裳等等。這兩年在網路上賣娃娃配件，每月收入超過 15,000 元。

在購物中心賣服裝。這位主婦有一位好朋友在 A 城市做服裝批發，透過她能拿到一些好貨，價格也可以低到三折。在 B 城市找一個人流量較大，但租金不太貴的店鋪，裝潢及其他費

用花去 15 萬元。節日、換季的那段時間，生意特別好，一個月能賺十幾萬。當然也有淡季。有經驗的，在淡季就自己出去玩，擔心也沒用，只能等淡季過去。「SARS」的時候，有兩三個月的業績是虧本的，但艱難的日子撐一段時間便會過去。

銷售人員增收方法

出色的銷售人員，一般都會整理建立相關客戶的聯絡方式。將客戶的相關資訊出售給不是同行業的其他人士，這樣與自己的行業並不產生衝突。例如：買 BMW 的車主名單，說不定對做房地產的人有所幫助。

我就認識一位客戶，是出色的銷售人員，每年度他都賣出自己收集的數千名錄，每一季為他帶來上萬元的收入。

做財務的增收方法

與 IT 人員一樣，中小型企業都不一定有自己的專門財務人員。

有財務 5 至 10 年經驗的人是最吃香的。中小型單位也需要報稅，這都要由有經驗的人來做的。

一般工作量也不是很大，每週去半天或一天足夠，每月都能賺一萬元左右。

左口袋的錢和右口袋的錢不一樣

有一天，我在樓下遇到了一位鄰居阿姨，她見到我就拉著我的手講述她股票如何被套牢的悲慘現狀。

「虧了 50% 呀。」她最後又強調了一遍事態的嚴重。

「哦。」我一時語塞，想著該怎麼安慰她一下。她的丈夫是個大學教授，收入頗豐，阿姨平時頗為節儉，即使被套牢，對他們的生活應該不至於有太大影響。我忽然想起了什麼，問她，「能問問您股市裡投了多少錢嗎？」

「25 萬啊！」我一聽，差點沒有噴飯。「那您家裡……」

「不瞞您說，80 ～ 100 萬還是有的。」我徹底傻眼了。

有一個經典的案例，比如您和朋友去聽一場音樂會，走到半路，發現票丟了，1,000 塊一張呀！一思量，再買一張就相當於花 2,000 塊聽一場音樂會，太不值得了！於是，音樂會沒聽成。換一個場景，同樣是要和朋友聽一場音樂會，走到半路發現 1,000 塊錢的電話卡丟了，您會說，丟了就丟了吧，音樂會照聽不誤，聽完再補一張 1,000 塊的卡。這個測試屢試不爽。

為什麼會是這樣的結果呢？芝加哥大學行為分析科學教授理察·塞勒有一個著名的心理帳戶理論。他認為每個人都有兩個帳戶 —— 經濟帳戶和心理帳戶。在經濟帳戶裡，此 1,000 與彼

1,000 是一樣的，在心理帳戶上就不是了。

　　通常每個人在決策時，會把不同的收入歸類，比如薪水、股票、中彩，那區別是相當大的。人們會為這些收入做上標記，然後分類管理，再根據這些不同類別的收入考慮如何花。這就是中了彩券的人會傾向於揮霍的原因。

　　塞勒講過自己的一個故事。有一次他去瑞士講課，瑞士方面給他的報酬還不錯，他很高興，講課之餘就在瑞士做了一次旅行，整個旅行非常愉快，而我們都知道瑞士是全世界物價最貴的國家。第二次有人邀請他在英國講課，也有不錯的報酬，他在英國講完課，又去瑞士旅行了一次，但這一次到哪裡都覺得貴，玩得特別不舒服。為什麼同樣是去瑞士旅行，花同樣的錢，前後兩次的感受差別這麼大呢？他自己的解釋就是，第一次是瑞士賺的錢瑞士花，在他心裡，這是一個帳戶；而第二次不是，他把在英國賺的錢在瑞士花，就是兩個帳戶了。

　　現實中，我們會為了幾塊錢的菜價貨比三家，但在買股票時卻大刀闊斧，彷彿只是個數字遊戲。同樣是賺 10,000，每次賺 5,000，分兩次賺您會更開心。所以啊，千萬別對錢有門戶之見，每一分錢都是平等的，左口袋裡的錢和右口袋裡的錢其實都一樣。

　　避免心理帳戶的情緒影響，就需要我們打通心理帳戶和經

濟帳戶，把全部的資產按自己的實際情況規劃和組合，設定相應的比例，並且定期進行審視。您也可以另外根據心理帳戶設定特定資金的用途，比如旅遊帳戶、娛樂帳戶、孝敬父母帳戶。

別讓信用卡「卡」住錢包

下面這些現象，你是不是有種似曾相識的感覺：

1. 一上街就想 Shopping，花錢如流水。

2. 購物是抒解壓力的唯一方式。

3. 看到喜歡的東西不論金額大小，有「卡」萬事足。

如果以上的現象說的是你，但是每次你都能輕輕鬆鬆的全額繳清，那真要恭喜你，因為你是一位能充分利用信用卡的消費者！但如果你具有以上的特性，可是每次卻只能負擔最低應繳金額，並且還繼續累積高額的循環利息，那麼，你並不是在「用」信用卡，而是被信用卡「用」了！

許多人往往無法控制住當下購物的欲望，結果一發不可收拾。更何況刷卡並非給鈔票，並沒有付錢的感覺，很多女性朋友很容易就刷刷刷的過度消費或超額使用，從先享受後付款變成先享受後痛苦。帳單來時無法全數付清，就得動用循環信用，支付未付清的帳款產生的利息，利息再滾進帳款，也影響

了個人信用。

做好信用卡管理，消費才不吃虧

信用卡雖然讓你我消費更方便，但是，每一位朋友都應該思考：「自己真的適合使用這種塑膠貨幣嗎？」除非自己能做好信用卡管理，消費才會不吃虧。

保存刷卡收據，隨時對帳

花花是一位快樂的年輕女孩，但是，毫無節制的消費，卻是她最大的財務致命傷。每個月她都是辛勤的工作，但是一下班看到喜歡的東西就刷，刷完以後的對帳單據不是隨便亂扔，就是揉成一團放在皮包裡，然後隔天換個皮包出門就忘記。所以每個月她都不記得自己到底刷了多少錢；刷的時候很開心，可是等到信用卡帳單一來，整個戶頭剩下的錢就全部繳械。

你是不是拿到信用卡帳單的時候，常常想不起自己何時消費了那麼多的金額？還是在刷完信用卡之後，隨手就把簽過名的收據丟棄呢？現代朋友使用信用卡，要先做好支出管理，因為，「理債」比「理財」還重要。

刷完信用卡後，要將當月的收據整理好，這樣不但隨時可以對帳，還可以隨時提醒自己知道「已經刷了多少錢的債務」。若是你刷了信用卡，然後在下一次繳款期限前繳清支出，信

用卡絕對會是一種方便的理財工具。如果只是因為錢不夠用，就把信用卡當成是提款卡，那麼，馬上就會一腳踏入負債的漩渦當中。

減少持卡的張數

曾經有電視節目中講到一個 Y 先生，他個人總共有 142 張信用卡，全部疊在一起，足足有將近 20 公分厚。更離譜的是，Y 先生曾經積欠信用卡債務 500 多萬，而現在卻是一位理財顧問。當談到自己有那麼多張卡時，他說：「當卡片排出來這麼多的時候，我也覺得實在是太離譜了！」

還好，這位聰明的 Y 先生不僅在後來的幾年內還清了自己的債務，並且還把這段故事寫成了書，賺了不少版稅與名氣。你有多少張信用卡呢？其實，很多朋友不是沒錢投資，只是沒有控制欲望，而讓辛苦賺來的錢輕易的從指縫間流失。少用信用卡消費，減少循環利息的支出，一個月省下 5,000 元絕對不難，就看你是不是能夠控制欲望，少刷一次卡，就可以增加一次投資的機會，可投資的金額也會不斷提高！

減少沒有必要的持卡張數，可以讓自己減少胡亂消費的機率，也可以增加自己理財記帳的效率。同時，將自己的花費集中在數張信用卡上，也有集中管理支出的好處，了解自己的收入及支出形態，是有效理財的第一步。

第五章　留足你過冬的糧食：提供應對人生困境的解決方案

養成每月整理對帳單的習慣

　　每個月收到帳單的時候，要留下來做整理，因為帳單會列出消費明細，你可憑此分析自己的消費形態，檢討自己是否有多餘的浪費。如果你已經無法全額付清你的信用卡債務，就表示你的花費需要有所節制。

　　養成整理對帳單的習慣，可以幫助自己發現收入不足以負擔開銷時，就要縮減消費的欲望，按照需求的重要性來排序。絕對不要貪圖一時的滿足，等到信用卡帳單一來，才開始懊惱不已。有計畫的消費，不但可以因此而得到滿足感，更可以證明自己能持之以恆的儲蓄而獲得成就感。擺脫「月光族」的命運，才能為未來的人生計畫，如買房子、投資或結婚等做準備。

　　信用卡的對帳單其實總是透露出非常多的資訊的，比如刷卡支出的狀況、最低應繳金額的多寡、點數的累積、獎品的兌換等等。養成每月整理對帳單的習慣，可以在對帳單中得知個人的消費記錄，就算是使用電子帳單，也應該保存對帳單的檔案，方便隨時調出來查閱。

　　聰明的持卡人如果懂得避免年費的支出，並且還能夠充分了解銀行「紅利積點」的方式，那麼，信用卡不但會為你帶來理財的方便，還能因為你的使用而讓你「享受」到一些福利呢！試試看，你會發現原來自己每個月可以存下至少一半的薪水！

像裝修房子一樣配置資產

解決了要不要分散後，第二個問題就是怎麼分散，也就是如何進行資產配置。從對美國共同基金的長期研究結果看，投資收益主要由資產配置決定，其他因素（如個股選擇、時機選擇等）影響很小。

其實資產配置並不很玄妙，有點像裝修房子，分成三個步驟：

4. **要買冷氣嗎？即大類資產配置。**如果買了間新房子，裡面空空如也，你首先要想清楚替房子配上什麼家具，冷氣、冰箱、沙發，還是櫥櫃？而理財，就是我需要配置什麼資產，股票、黃金、基金、房地產，還是債券？

5. **買中央冷氣嗎？即選擇具體資產種類。**等確定了家具品種，就需要確定家具樣式了。比如確定要買冷氣後，就要考慮是買中央冷氣還是分離式冷氣。而理財，就是等確定了要買房地產和基金後，還需要確定房地產是買住宅還是商鋪，基金是買股票基金、平衡基金還是債券基金，每種大概配多少比例。

6. **要買什麼牌子的直立式冷氣？即選擇各類具體資產的供應商。**等你把家具樣式選好了，就到了第三步，選品牌。比如確定買直立式冷氣了，那到底是買哪個牌子。好比是確定了要買股票基金，那具體買哪家基金公司的什麼品種呢？或者說確定買 3 房 2 廳的房屋，但需要確定買哪家建商的哪個建案。

大類資產配置

投資品的分類基本可以分成三類：

A. 金融投資：金融投資是最為普及的投資，從各大金融機構都可以獲得，如債券、股票、基金、銀行券商理財產品、信託等。

B. 房地產投資：房地產投資的種類也有很多，包括住宅、商鋪、辦公大樓、廠房、土地甚至房地產信託等。

C. 另類投資：指各種比較冷門，大眾不易參與，需要特殊知識和管道才能進行的投資，包括收藏品、紅酒，黃金等。

裝修房子時你會發現一方面家家戶戶裝修內飾都有所不同，但另一方面所有的家在某些地方都是相同的，比如一定會有桌子、床等等。所以人在決定大類資產配置時都要考慮兩點：第一點是「錢分三類」，第二點是必須要有「桌子」和「床」。

「錢分三類」是指必須有三種不同作用的錢：

A. 日常消費資產。

B. 養老資產。

C. 投資增值資產。

日常消費資產是為子女日常教育、購物旅遊、起居飲食等準備的閒置資金，需要隨時能變現，一般以存款、貨幣市場基

金或短期銀行理財產品等形式存放，數額夠 1 ～ 2 年家庭花銷額即可。

養老資產是主要成員在 40 歲以上的家庭必須考慮的，可以根據自己需要的退休生活水準估算個數目，在當前和今後收入中分別投入一定比例。一般需要配置在穩定資產中，長期收益率只要能戰勝通貨膨脹就可以了。

第三部分才是投資增值資產，當日常消費和養老的錢都準備了之後，還要有部分資產用來投資。為什麼人與人之間投資心態差別這麼大？一個原因就是有人拿「閒錢」投資，而有人拿「養老的錢」投資。一旦當市場下跌 20％時，心態自然會完全不同。所以理財必須拿閒錢來理，才會有穩定心態和長期視野。

一個家中可以別的什麼東西都沒有，但一定不能沒有「桌子」和「床」，一個吃飯要用，一個睡覺要用。投資也是一樣，很多種類可以不投，但房地產和股票的投資必須要有。

房地產可能是世上唯一有剛性使用價值的投資品，也是少數能抵禦長期通貨膨脹的品種，重要性不言而喻。

而股票雖然被眾人愛恨不一，但不可否認的是，股票是全球多數國家長期收益率最高的資產。20 世紀英國股票年收益大概是 10.29％，1900 年投資 1 萬英鎊到 2000 年能成為 1.69 億

英鎊，其他收益較高的股票市場包括瑞典 8.2%，澳洲 7.6%，美國 6.9%，德國、日本也都在 4%以上。當然投資股票不一定要直接買賣股票，還可以透過買基金來完成。如果你以長期資產配置的角度，而不是以賺取短期收益的角度來持有股票，你的心態和實際收益通常會好得多。

當確定了房地產和股票這兩種主要資產的配置比例後，如果還有閒錢，就可以考慮投資黃金、收藏品等。

選擇具體資產種類

這是個性色彩很濃的一個步驟，不同的投資品適合不同的人，每個人都可以根據下面 3 個方面決定自己的資產配置具體品種。

投資期限

投資期限是首要指標，「你的錢能放多久」是決定資產配置的最主要因素。舉股市的例子，從歷史看，絕大多數股市只要長期投資都能賺錢。某地證券交易所在 1990 年年底設立，假設當時已有指數產品，從 2008 年起做 10 年期倒推，在 1990 年起至 1998 年的任一年年底買入指數並持有 10 年整，全部可以實現正收益，10 年總收益最低的為 58%，最高的超過 1,500%。同理再從 2008 年起做 5 年期倒推，從 1990 年證券交易所設立

至 2003 年中的任一年年底買入指數並持有 5 年整，有 85％的機率獲得正收益，5 年總收益最低 44.00％，最高 335.15％，平均為 104.81％。

股市如此誘人的收益為何很少有人享受到，還有很多人虧了大錢？原因之一就是很多人投資股市的資金週期沒有那麼長，比如投了兩年就想買房子了，或者孩子要結婚了……所以 1 年內需要用的錢，不應該投入股市。建議老年人減少股市投資也是同一個道理，因為其中我們經歷過 4 次 60％以上的大幅下跌，年輕人有這個時間等得起，而老年人未必有時間等待。這就是為什麼越老越要保守，越年輕可以越激進。

時間期限越長的資金，可以投入風險品種的比例就越高。時間期限越短的資金，越應該投入到安全品種中。

風險收益預期

投什麼品種，在一定程度上取決於能忍受多大的虧損，也就是風險偏好程度。

現在很多金融機構給投資者提供風險測試問卷（網路上可以搜尋到），簡單測試一下，就可以知道自己是什麼類型的投資者，是激進、進取還是保守。以金融資產為例，把投資期限和自己的類型結合起來，就能選擇出最合適自己的投資方式。

投資知識

不是別人能賺錢的東西，自己買了就一定能賺錢，「買自己懂的東西」是重要原則，特別是進行另類投資時，比如收藏品、紅酒，對相關知識的要求很高，如果不具備基本的入門知識，很可能會遭遇較大風險。即使是像股票這種大眾投資品，也不是誰都可以去炒的。

所以投資品種的選擇沒有標準，一定要根據自己實際情況做出決定。

選擇各類資產的供應商

當選定產品種類後，選擇投資品供應商就是下一個問題，有時「和誰玩」比「玩什麼」更重要。這裡包含兩個選擇，公司的選擇和人的選擇。對標準化程度高的產品，比如銀行理財產品、保險或公寓房等，選擇供應商特別重要；對個性化強的產品，如基金、PE 私募基金，選擇具體的資產管理人就更重要。

關於抵押貸款利息的稅額抵扣

在所有可能的稅額抵扣中，抵押貸款利息的稅額抵扣似乎更能吸引大眾的目光。它的價值如此誘人，以至於有人認為

應該一直持有某項抵押貸款。退休無債的觀念已經過時。近年來,持有抵押貸款的老人日益增多,可能是他們覺得抵押貸款利息能在稅費上省下不少吧。但事實是,這項本具有價值的稅額抵扣,反而會讓你在稅費問題上不堪重負。

退休後,你得四處籌錢償還抵押貸款。你或許會出售應稅帳戶上的盈利投資,或許會從退休帳戶中取錢。無論如何,這都會產生額外的應納稅收入,致使你應納稅的部分高達85%。當你的收入達到一定水準時,這種稅就會自然產生。結果是:償還抵押貸款可能對你的投資收益引發納稅衝擊。

可以確定的是,你的抵押貸款利息可以有稅額抵扣,它可以部分沖銷這種納稅衝擊。但如果你持有抵押貸款已有一段時期,並償還了大部分貸款,可能你只有不足一半的月付是利息,這樣你就沒有多少利息可進行稅額抵扣了。你甚至發現並沒有多少值得列出的抵扣項目,此時,你可以選擇標準抵扣。這對每個人都適用,包括沒有抵押貸款的人。

轉移負擔的經典策略

償還債務可以減少你所支付的利息,整合債務也可以降低利息支出。經典策略是:使用抵押貸款償清其他成本更高的借款。我們或許沒有政府的信譽高,但如果使用抵押貸款,我們

便能獲得相對較低的貸款利率。因為抵押貸款是以我們的房屋做擔保的，這樣，萬一我們沒有能力還款，貸款者還可以指望我們的房產。另外，抵押貸款利息還可能享受稅額抵扣，而其他大部分債務，像車貸和信用卡欠款就無此特權。聽起來債務整合就好像一張票證？確實，請謹記於心。

你可以透過對現有房屋貸款再融資，獲得更大一筆抵押貸款，來償清其他債務。你也可以先將當前的貸款置於一旁，用另一筆抵押貸款，例如房屋淨值貸款，或信用貸款的最高限額，來償清其他債務。無論選擇哪種方式，你都要避免花費過度。我們常常面臨這樣的誘惑：借的往往比需要的多，然後拿著剩下的錢去進行投機，或者買新車。

既然你決定對現有抵押貸款進行再融資，就不要太在意每月還款額的增加。如果你用 12 年就還清了 30 年期的抵押貸款，你就能夠進行再融資，獲得一筆更大的貸款，以償還其他債務，並且還可以削減每月的固定支付額。這看上去像是一個巧妙的花招，但你一旦繞進去，可不容易出來。

如果你申請一項 30 年期的抵押貸款，你可以把它當成是一項 18 年期的抵押貸款，並延期至 30 年。不用驚訝，這樣可以減少月付，但同時你也和抵押貸款公司簽訂了另一份 12 年期的合約，這會帶來眾多複雜且難以預料的財務問題，包括被迫延期退休。我的建議是，如果你透過再融資進行債務整合，就別

考慮 30 年期的抵押貸款，不妨看看 15 年或 20 年期的貸款。

羊群中也有大肥羊 —— 不要盲目從眾

有這樣一個故事。一位石油大亨到天堂去參加一場重要的會議，一進會議室發現屋裡已經座無虛席，於是他靈機一動，喊了一聲「地獄裡發現大油田了！」這麼一喊，天堂裡的石油大亨們紛紛向地獄跑去，很快天堂裡就只剩下這位後來的大亨了。這時，這位大亨心想，大家都跑去了，莫非地獄裡真的發現了石油？於是，他也急忙向地獄跑去。

當年，網路經濟一路飆升，IT 業的 CEO 們在比賽燒錢，燒多少，股票就能漲多少，於是，越來越多的人義無反顧地往前衝。2001 年，一朝泡沫破滅，浮華盡散，大家這才發現在狂熱的市場氣氛下，獲利的只是領頭羊，其餘跟風的都成了犧牲者。

人們驚訝的發現，曾在泡沫最瘋狂的時候飽受奚落的巴菲特居然毫髮無損，因為他看不懂，那麼多產品結構和盈利模式相近的公司，他無法分辨哪一家能活到最後。

巴菲特想告誡人們的主要有三點：一是不要感情用事，在你做投資的時候，不要讓你個人的感情和情緒影響你做投資的決定。二是不要讓其他人的觀點和態度來影響你的判斷，不要跟風，要有自己客觀的判斷，不要被別人影響。在 2000 年網路

第五章 留足你過冬的糧食：提供應對人生困境的解決方案

泡沫還沒有破裂之前，很多網路股都漲了幾十倍甚至上百倍，但巴菲特一支網路股都沒有買。當時有很多人寫文章批評他，甚至取笑他，他非常生氣，但沒有改變自己的做法。三是不要輕易放棄自己的投資原則和評價體系。有時您會感覺評價體系效果不太好，但不要因為暫時的懷疑而放棄您之前長期堅守的評價體系和投資原則。巴菲特自己現在堅守的原則都是他 50 年來一直堅守的體系，從未改變過。

社會心理學家研究發現，影響從眾的最重要的因素是持某種意見的人數的多少，而不是這個意見本身。人多本身就有說服力，很少有人會在眾口一詞的情況下還堅持自己的不同意見。特別是有些傳統的教育告訴我們「木秀於林，風必摧之」、「出頭的椽子先爛」、「槍打出頭鳥」，於是大多數人會選擇中庸之道，明哲保身。但是任何存在的東西總有其合理性，羊群效應並不見得就一無是處。這是自然界的優選法則，在資訊不對稱和預期不確定的條件下，看別人怎麼做確實是風險比較低的。

在股市上，由於資訊的不對稱，個體無法從有限的股價資訊中做出合理的決定，因此從眾就是其理性行為，雖然這種理性含有不得已的意味。所以股市的羊群行為經常是以個體的理性開始的，透過其放大效應和傳染效應，跟風者們漸漸表現出非理性的傾向，進而達到整體的非理性。當股市炒作過度時，

就出現了「非理性繁榮」。

這個道理就如同在一片肥沃的草原上只有幾隻羊,牠們會吃得很飽。但是某天吸引來了一大群羊,這時候草原就要被啃食成荒漠了。同時這一大羊群越來越吃不飽,有一些倒下了,有一些遷徙了。但如果是一隻聰明的羊,牠就不會跟著大移動,而是堅持留在這裡,這樣等草長出來後牠就會變成肥羊。所以,有時大家都認為某件事如何如何的時候,其實事實可能正好相反。

擺脫債務的 5 個步驟

在所有令人輾轉反側無心睡眠的金錢問題中,欠錢恐怕是最突出也最普遍的一個了。債務是最令人尷尬和羞愧的,它如影隨形,影響你的正常生活,而且還會越變越大。你視而不見,幻想逃避是行不通的。擺脫它的唯一辦法就是直面債務。下面這位女性的經歷或許也是我們最熟悉的經歷:

「我 18 歲就開始為錢煩惱。我有 5 張信用卡,以至於我常忘記刷的是哪張卡,哪張卡裡欠下了債。後來當我發現事情越發難以控制時,我將那些債務合併了,取消了多餘的信用卡,只保留一張。但為時已晚,我已經欠下了 17,000 英鎊的債務。這一年來我一直在還債,現在我還欠有 12,300 英鎊的債務,在

接下來的 4 年中我每個月必須還款 281 英鎊。過去瘋狂的買鞋、買包、度假、去夜店等使我欠下了這筆鉅額的債務。我並不後悔，因為我擁有這些回憶。但是除了回憶，似乎再沒有什麼值得炫耀的了。」

不要再怨天尤人了，你必須馬上行動起來。在債務的事情上拖拖拉拉只會讓你付出更大的代價，因為你拖延得越久，你的利息就會越高。這也就是銀行希望你拖延的原因，因為這樣一來他們能賺到更多的錢。

這裡有 5 個步驟，可以幫助你擺脫債務：

1. **列出你所有的債務**。列出所有借錢給你的人，以及你欠每個人多少錢。列出你信用卡的欠款額和貸款數目，記下最低還款額，以及相關利息。然後重新對這個表進行排序，把利息最高的列在第一個，然後是利息第二高的，以此類推。計算出你所欠債務的總額，以及全部應還款的總額，此外還要列出每一項債務的最低還款額。

2. **確定優先等級**。找出需要優先考慮還錢的債務，如你的住房貸款、保險、房租等等。這些都需要首先來處理，然後再處理其他的債務。

3. **還上你能力範圍所及的金額**。用你的儲蓄償還或減少你欠下的債務。如果你的債務要收取 16% 的利息，你卻還指望著靠儲蓄去賺 5% 的利息，那可真的是得不償失。

4. **計算出每個月還款的數額。**你要計算一下，看自己每個月能還多少錢。你要想辦法降低自己的月花銷，讓自己的還款數額變大。你可以暫停儲蓄或是投資計畫，先把可支配的錢用來還債。

5. **制訂出還債的計畫。**將你每月能夠償還的錢在不同的債務之間進行分配。首先要償還那些利息高的債務。其他的可以先還上最低還款額。一旦你把利息最高的債務還清了，就可以將還款重心轉向利息第二高的債務。以此類推直到所有債務都還清。

當然你還要設定一個具體的日期，看到哪一天你才能做到「無債一身輕」，然後計算一下，從現在到設定的日期，要想達成目標，你每月需要還多少錢。牢牢記住那個「無債日」，為自己增加動力，努力去解決你的債務問題。

婚姻中的女性要學會自我保護

小的時候，聽到女士自保的招式，不外乎是「私房錢」等等。現在物價那麼貴，一點點私房錢是不管用的。我們見過的婚姻觸礁，原因很多，但很多女性卻都不能逃過婚姻失敗帶來的極大困窘。

在許多的個案裡面，可以看得出有幾種家庭比較容易出現婚變。

第五章　留足你過冬的糧食：提供應對人生困境的解決方案

1. 先生留在國內發展事業，太太及孩子移民到外國，一年才見一兩次。

2. 男的事業撈了一大筆，有錢的男人可能變壞。

3. 女士長胖，例如有些情況，女士結婚前 50 公斤，窈窕可人，但婚後不太注重體型，逐漸長胖。

4. 夫妻間性生活不協調。

　　有一天，家庭發生變化時，女性怎樣自保？

　　當你已經 40 歲，青春散場，如何是好？

　　每位女性都應該為自己想好退路，十個家庭，有二分之一會發生變化。這就像購買保險一樣，要提早預備。

　　在結婚後幾年內，女性應有幾個步驟去爭取自己以後的權益。自己保護自己，才是最重要的。

　　執子之手，與子偕老，當然是每個家庭的理想狀態。但現代婚姻，合則聚，不合則散的情況也不少。在這個過程中，受到最大傷害的，一般都是女性。試想，一位女性，45 歲，帶著一個念國中的男孩，家庭主婦，近 10 年都沒出來工作，試問她下半輩子怎麼過？

　　在婚姻破裂後，討價還價中拿到的生活費也不會多，想像她以後的日子，會是相當窘迫。

　　從理財的角度去規劃，其實這位女性應當在婚姻還是甜甜

蜜蜜時就做一些計畫，以防以後一些不幸情況的發生。

在我們的理財個案中，確實也碰到不少離婚個案，離婚後女性都生活得很艱苦。所以我們特意寫了一個女性自保方案，總共四招，希望對您有所幫助。

這四招，都要在美滿婚姻還在時，便要用上，提早安排勝過有情況發生時才臨時抱佛腳。

住的房產，用妳的名字登記

中庸之道，也是要用聯名之道。最壞的情況便是只用男方名字登記。離婚後，女士被踢出家門，帶著一個孩子，沒有房子的話，難免到處投靠，處境狼狽。

孩子教育基金

這是什麼意思呢？孩子念書，直至念到大學，沒有五十萬元去應付各種開銷是念不成的。現在有基金公司或保險公司，都有這種孩子教育基金，在婚姻美滿時，投一份比較大額的，受益人寫孩子或自己，叫先生在婚姻美滿時投是比較容易，先生也沒辦法推，因為這是他養孩子的責任。有了這個保障，就算離婚，孩子教育那部分也不用妳去想。

替自己買足夠的保險，由先生每年付保費

這個是先生給太太的最佳禮物。一般的保險，所有保費都

是 15～20 年後還本的，即是說，假如妳的婚姻能捱過 15 年，所有保費已由妳先生支付，以後的日子就有保費作為保障。

假如妳的婚姻只維持了 10 年，那餘下 5 年的保費，便是妳在生活費中要爭取的部分，由於已交付了 10 年，餘下 5 年的費用也不多，比較容易爭取。

但妳想想，如果妳沒有做這個計畫，離婚後，一下子要男方付出那麼大的一筆，妳要記著，男方還要應付第三者財務上的需求，他怎能理會將要離開的女人？他的錢很可能都拿出來討第三者的歡心，對不對？這種計畫，一定要在結婚前三年婚姻還美滿時完成。完成不了，是失策，是沒有努力的結果，當然後果也由妳承擔。

人生只能走一趟，想想妳的處境，四十多歲，沒有工作，帶著一個念國中的孩子，妳以後的 30 年怎樣走過去？記住，不要忘記去完成這個計畫，它是妳一生幸福的預備。這個預備，要在妳先生還愛妳的時候完成。

有自己的事業

雖然女性一般賺回來的錢不多，但有自己的事業，除了代表自己有點零花錢之外，它還有一個好處，就是有一些朋友、同事，出事後，有人能商量。

我見到一些個案，女方是家庭主婦，沒出來做事，又沒有

半個朋友，出事後，處境真的很悲慘。

女士出去打工，怎麼也有一些收入，家裡的打掃、燒飯，大可找一個保姆來幫忙。做太太，一定要結識朋友，做些輕鬆的工作，才能在任何時候都保持養活自己的能力。

以上女性自保四招，是一個理智的女士應做的計畫，應該能為女士們提供一個財務上的保障。人生的脆弱，莫過於有事情，不是妳能控制。

「生老病死」：統計顯示，29％的人士，很可能活不過65歲。我們大家拚死拚活，累積了一筆財富，工作到60歲，誰知道平靜生活幾年後，開始疾病纏身，運氣不好的人就過世。

我們控制不了什麼時候會生病，生什麼病。

像以上的家庭，太太在30多歲便患有癌症，的確是比較少見的。由於家庭沒有購買適當的「重大疾病險」，所有醫療費用，都由家庭來負擔，這的確是很多家庭經常碰到的問題。

有重病，家庭便受連累，一家人的生活便有了重擔。朋友親戚都遠離，借錢沒完沒了，朋友親戚都跑光。家庭的一點點自尊及尊嚴都會喪失，孩子在這種環境長大，心態也會受到影響。

朋友、同事、親戚患上這種絕症，為數真的不少。對有正當理財觀念的人來說，在30歲有一點積蓄的時候，購買適當的

保險是必需品。

　　在一些已開發國家，如美國、英國、日本，保險已深入民心，每個家庭都有預備，有病時只須擔憂心靈上的創傷，而不需要為財務上多做預備。在下一節的第二個案例中，主人會由於有購買保險的習慣，同樣患癌症，但一兩年的醫療費全由保險公司支付，活下去比較輕鬆。他已完成治療，在以後的日子，不復發便算是康復，可喜可賀。

　　任何生過大病的人，人生觀都有一定的轉變。生病後，會很珍惜感情及友情，平淡的生活已經是最大的幸福，不會去強求任何東西。再不會拚死拚活的去追求無窮的財富，他們所追求的，反而是平淡的人生、快樂的日子，日子能多過一天算一天，下一個月是否還能健在，說不準。珍惜每一天，活下去。

第七章　改變讓你成為有錢人：

儘早精通專家告訴你的理財方法

指望一夜暴富是很不實際的

投資理財需要切實摒棄一些不切實際的幻想，指望一夜暴富是很不實際的。而是應該踏踏實實工作，透過精選一兩支值得信賴的基金來為自己理財方是正道。

每一個進行投資理財的人，都希望在很短的時間內，操盤績效大躍進，獲得好幾倍以上的收益。我要提醒有此打算的朋友，在投資領域，收益和風險相隨，高收益往往伴隨著高風險。對於絕大多數人而言，往往是賺得起賠不起。所謂理財並不是牟取暴利，主要目的是保證手中現有財富的保值，並在此基礎上獲得一定的增值。

經過媒體誇張的宣傳，我們總是可以聽到許多驚人的傳說，例如，某人買了某檔股票兩年內漲了 4 倍，某人又利用期貨讓身價暴增上億。也許世界上真的有這麼厲害的天才吧，但是看看你我周圍，到底是賠的多還是賺的多，就知道該不該妄想不合理的投資報酬率降臨在自己身上了。

蝴蝶效應：時刻校準自己的投資行為

所謂的蝴蝶效應是說：一隻南美洲亞馬遜河流域中的蝴蝶，偶爾扇動幾下翅膀，兩週後可能在美國德州引起一場龍捲風。

人的一生也許就會被當年一點點不經意間的細枝末節而改變，從此走上完全不同的岔口。

在基金投資中，我們也經常能看到眾多投資者一看到短線盈利或者短期下挫，就立刻亂了陣腳，而這小小的投資失誤可能被蝴蝶效應無限延伸擴大，逐步偏離原來的投資軌道。然後在頻繁的買賣、無數辛苦操作之後，帶來的還只是踏空、套牢、無奈和一顆疲憊的心。

然而英國著名投資人科恩告訴我們，「始終遵守你自己的投資計畫的規則，這將加強良好的自我控制！」投資之路是一場馬拉松式的漫漫長跑，時刻遵守自己的投資理念和執行自己的投資紀律，堅守長期的投資目標，免受外界各種因素牽引而做出並不理智的投資決策。

沒有投資紀律的人，也許某一時段會在股市的戰場上贏得莫名其妙，但很難有機會贏得最後的勝利，他們在市場瘋狂和沉寂的時候總是顯得盲目的樂觀或者痛苦不堪，因為一時的心理滿足，從而引發一系列的惡性投資循環。所以確定一個明智慎重的投資目標，將助你在投資路上穩步前行，比如把基金投資作為家庭資產的組合配置，同時認真考量自身的風險偏好和承受能力。如果對市場沒有充分的把握，盲目改變投資計畫，這樣的結果很可能會遭遇失敗，不妨採用定期定額這種紀律性強的投資方式，加強自我控制，不僅可以避免非理性決策，而

且投資也將更輕鬆。

「莫畏浮雲遮望眼，守得雲開見月明」，時刻校準自己的投資目標，能夠幫助我們著眼於投資的長期表現，判斷自己的行為與投資目標是否相符合，如果稍有偏差便可以及時修正，試著讓蝴蝶效應發揮正面的效用！

將雞蛋放在不同的籃子裡

在投資活動中，風險是無法迴避的，但你可以盡可能的讓未來投資都在你可以接受的風險程度內運行。

比如銀行存款和國債，儘管收益只有 1% ～ 2%，但其資金卻具備相當大的安全性，因此經常成為一些風險承受能力較低的人群的首選；而信託收益 3% ～ 5%，應該比較適中，但投資該類產品需要放棄一年到三五年不等的資金變現權利，而且要承擔信託公司違規的風險；股票是風險程度較高的投資，但其高收益同樣得到大家認同，如果趕上上升浪潮，收益 30% 甚至 50% 的投資者也不在少數，但要不幸趕上了下降走勢，那資金腰斬再腰斬的事情也不是新聞；開放式基金的最終投資目標同樣是股票，但與直接投資股票不同的是，它是借助專家的眼光理財，讓理財經理幫你設定投資組合，因此風險降低了一個級別，但與此同時，你也不得不放棄可能得到的更大收益，因此

同樣收益也下降了一個級別。

　　同樣是股票投資，在不同產品中也大有差異。大盤股、績優股的風險比較小，但這些股票由於炒作空間不大，股價相對比較平穩，收益水準也屬於中等。而那些具備了一定概念的、適合短期炒作的品種可能獲益空間比較大，但同時也蘊藏著比較大的風險。

　　由此可見，風險和收益是永遠解不開的結，如果你追求安全，你將獲得較低的收益，而在長期投資中，你也會為承擔風險而獲得補償。

　　既然風險無法迴避，就不要去迴避它。你完全可以透過組合投資來設定一種風險，從而使得未來投資都在你可接受的風險程度內運行。

　　如果我們把投資理財比喻為打仗，就可以依據自己的實際情況將資金分成「守、防、攻、戰」四種形式的投資。用作「守」的資金，應主要用於銀行儲蓄、置業、買保險等方面；起「防禦」作用的資金，則應用於購買國債、企業債券、投資基金、信託產品等；「進攻」性資金可以用於股票，買外匯等；用作「激戰」的資金可拿來炒期貨。

　　對這四類資金的動用也應該掌握一個比例。一般來說，30%的資金用於「守」，30%的資金用於「防」，這樣就有60%

的資金用來自保。另有 30％的資金用於「攻」，只能把 10％左右的資金用在絕對投機、短線炒作的「激戰」上。

適時調整化解風險影響投資理財活動的因素是千變萬化的，所以在確定理財目標之後，在合理配置資金運用的基礎上，還必須根據各種因素的變化，適時的調整資產結構，才能達到提高收益、化解風險的目的，比如說，你雖然確定了一個分別投資股票和投資債券的資金比例，但不應該死守這個比例，而是要根據各種因素的變化，較為靈活的調整這個比例。

當然，這一點的把握並不像說起來這麼容易。需要不斷的嘗試，需要不斷的吸收知識，聽取專家的建議，提高自己的投資技巧。

投資無法避免「憂慮」，但「憂慮」卻可避免衝動投資。就個性而言，女性天生比男性多一分謹慎。是否進行某項投資，女性往往會小心行事，並對可能的風險心生憂慮。有的時候，可能顯得過於缺乏自信，但「憂慮」確實減少了女性犯錯誤的機會。在調整自己的投資組合時，女性應該更謹慎一些。

投資需要豐富的知識。有人把投資當作賭博，覺得賠和賺就是個人運氣的問題。這是極其錯誤的，懷著這樣的心態去投資，無異於「瞎貓撞死耗子」，成功的機率少而又少。投資是智者的遊戲，至少關於理財的大量術語就必須很清楚、很明瞭，

一些簡單的收益計算、風險測評技巧也應該掌握。如果要投資股票市場，連一些公司的基本財務狀況也不熟悉，怎能做出正確的選擇？我們雖然不用像理財專家那麼專業，但至少不能一無所知，盲目進行。

投資離不開交流與協作。女性是非常樂於溝通和交流的，相比於總是擺出一副高深莫測的面孔，把自己當作專家的男人，女性更有謙虛和合作精神。透過開放性的相互交流、相互分析、相互指導，女性獲益匪淺。

投資應注意養老收益。不要覺得年老力衰是很遙遠的事，現在無須考慮。你的輕率有可能導致多年積蓄在若干年後被疾病和衰老掏空。女人應當把養老當作頭等大事來對待，在投資組合中不能不考慮到。建立個人養老帳戶是明智之舉。「跳槽」，女性上班族們早已司空見慣，但千萬要記住：換工作的時候，要將養老基金從原來的帳戶轉入新的帳戶，而不是全部領出，這也更有助於養老計畫的實施。

投資應成為一種習慣。投資對於每個人來說，都是一個充滿挑戰性的課題，誰也不可能一蹴而就。但如果你把投資視為一種習慣，你就會慢慢的愛上它。剛開始，你可能比較保守，只敢涉獵最基本的股票、債券、基金，即使失敗也不要氣餒，告訴自己只是在訓練，久而久之，隨著經驗的豐富與技巧的提高，你也可以把部分資金投在風險係數較高的領域，你也可以

在多種投資工具中尋找到一個最佳的平衡。

郭佳今年 27 歲，在一家大型物流公司擔任部門經理，事業處於剛剛起步階段。

為了替自己充電，郭佳打算在職讀 MBA，這需要一筆不菲的費用。如何協調收支平衡呢？

郭佳透過客觀的分析認為，自己的事業雖然剛開始起步，但承擔風險能力強，可以在高風險、高收益的股票投資上投入較大比例；而攻讀在職 MBA 的鉅額學費，則可以透過貸款方式解決，只要投資收益高於貸款利息，就是划算的。

郭佳透過聽取專家建議，為自己設計了以下的理財方案：

· 運用 50 萬左右（一般是資產的 60%）的儲蓄進行股票投資。在投資時機不明朗時，可以將資金留在帳戶上。

· 將 20 萬元左右（一般是資產的 30%）的資金購買銀行代售的各種開放式基金，分散投資風險。

· 申請銀行的助學、升學貸款 40 萬元，用以繳納攻讀在職 MBA 的學費。

· 存 1 年期定期存款 10 萬元，這部分儲蓄重點作為應付突發事件的應急儲備金，還可以獲得定期利息收益。

· 流動現金儲備不必超過 25,000 元，日常支付多利用銀行簽帳金融卡，最大限度的提高資金運用效率。

事實證明，這個投資組合是安全而有效的，郭佳可以更放心的投入到工作和學習中去。

對於女性投資，逃避風險不如適當承擔風險。一味的迴避風險，將使自己的資產大大貶值，根本實現不了穩健保值的初衷。有段時間，藉股市行情不好的機會，很多債券基金都熱炒自己的「安全」概念。可後來債市和債券基金的大跌，說明了安全的投資其實是不存在的。重點透過股票基金長期系統投資股市，將是普通女性累積財富的好機會。

將雞蛋放在不同的籃子裡，是一切理財的基礎，也是幸福生活的保障

你可以將 35% 左右的資金用於儲蓄。隨時想用的錢存成活期，固定收入除生活費外存成零存整付，大筆暫時不用的現金可以有本領息，有計畫目標時可以選擇三個月、半年、一年、二年、三年、五年期儲蓄。

將 30% 左右的資金用於購買國債。其優點是免徵利息稅，收益率比定期儲蓄高，兌現也不難，只須到銀行儲蓄分行辦理提前支領即可。缺點是不到半年提前支領不計息。超過半年提前支取按各個檔次分段計算利息，但要收取 0.2% 的手續費。

將 10％左右的資金用於投保。投保未出「險情」時如同儲蓄，出了「險情」受益匪淺。雖說保險好處多，但現在它仍不能完全與銀行儲蓄相比，儲蓄可以隨時支領，保險則是在保值增值的同時，在發生意外事故後才能給予賠償，保險不能不保，也不能過量。

　　將 5％左右的資金用於購買股票。股票流動性很好，基本可以隨時兌現，而且收益率較高，但風險也很大，出於穩妥心理少量購買，即使損失也很有限，即使上漲也不要狂追資金。在投資問題上，我們應始終保持一顆平常心、不貪心、不急功近利，才能立於不敗之地。

　　將剩下的資金用於日常消費或其他投資，比如一些未來可能增值的藝術品等等，當然是在自己能力許可範圍之內，這類投資出於愛好的成分較多，也許透過欣賞傑作陶冶情操本身也可算作一項不錯的人生投資。

用紀律控制自己的投資

　　白居易有一次向一位老僧請教佛道。老僧就說了一句：只做好事，不做壞事。白居易笑道，這連 3 歲孩子都知道。老僧回答：3 歲孩子都知道，但連 80 歲的老人都做不到。現在資訊爆炸，投資成功的祕密，幾乎所有人都知道，但為何賺錢的

人不多呢？就是因為知道道理但做不到，沒有用紀律控制自己的投資。

投資有兩條重要的紀律：

不為蠅頭小利去「投機」。

很多人都知道複利的重要性，也知道該如何選到不錯的投資品進行長期投資，但往往在決定買入前，心存僥倖，想先選個漲得更快的短期品種，然後再回頭買入看好的長期投資品，最後的結果幾乎總是被套牢或損失，連原來自己看好的品種也失去了投資機會。其實「投機」在西方並不是貶義詞，而是個中性詞。歐美人也投機，但不是人人都能嘗試的，需要專門的技術，比如抓住市場失效、價格明顯有偏差的機會來獲利。而很多東方人的投機往往依靠所謂「內幕消息」和技術判斷，而這些內幕消息可能只是來源於某個金融分行的基層員工，甚至只是自己鄰居或同事，結果可想而知。

很多專業投資機構有投資決策委員會，並設定投資標準，比如設定投資許可權，投資到一定額度以上需要公司實地調查，對單一品種投資比例規定上限，或規定止損條件等。原因很簡單，專業人士也是人，也會有壓力和誘惑，也會犯錯。設定紀律就是為了減少犯錯的機率。

不做自己搞不懂的投資。

我認識一位做 PE 私募基金的前輩，當年曾有機會以很好的條件拿到某入口網站 10％的股權，但他覺得該網站的贏利模式可能太簡單，自己想不明白，所以沒投，現在該公司是該國前三大入口網站之一。

有一家基金公司也有類似的案例。2005 年時，很多上市公司高層拜訪大量持有公司股份的基金公司，商談對價方案。有家著名的礦產類上市公司董事長拜訪了某基金公司，詳細介紹了自己公司的業務情況，臨走前加了一句，我們現在經營狀況很好，現金流也大，所以還準備做些多元經營，比如運輸、餐飲酒店等。那家基金公司旋即賣掉了所持的該公司所有股票，因為感覺看不懂這家公司未來的發展軌跡。結果這家公司到 2009 年為止，漲了近 30 倍。

在這兩個案例中，如果兩家投資機構選擇參與投資，一定獲利豐厚。但兩家機構都沒投，原因都是看不懂。這樣的紀律儘管會讓自己失去些機會，但也能避免翻船的危險。至少我自己，會因此更信任這兩家機構。很多人光聽了別人介紹，還不好意思問，或者懶得問，就做了自己搞不懂的投資，無論賺錢還是虧錢，都不知道原因是什麼。這不叫投資，叫賭博。

紀律的本質就是放棄一些不確定的利益和自由，換取另一

些固定的利益。

悄然溜走的收益

　　假設你擁有一個平衡的經典投資組合，其由 60％的股票和 40％的債券構成。在所有費用扣減之前，投資組合年收益為 8％，也就是說，這種投資組合每過 9 年就可以使得你的初始投資翻倍。但是，即使投資毛收益有 8％，倘若你不注意合理規避抵扣的話，那麼淨收益會由於稅收和其他費用大打折扣。不經意間，你每年的收益就可能損失兩個百分點。對於共同基金而言，這類費用成本可能更高。也就是說，你的報酬從 8％降到了 6％。除此之外，如果你對稅收也不加以規避，那麼再扣除 25％的聯邦所得稅，6％的報酬就只有 4.5％了。最後，通貨膨脹可能還會進一步降低你的收益。按照 1.5％通貨膨脹率計算，如果你還想使最初的投資翻倍，你就得等上 47 年。

　　聽起來很嚴峻？對於通貨膨脹，你無能為力；對於市場表現，你也只能祈禱。但你仍然可以做很多事情。對於新手而言，你可以注意規避風險，避免在一兩檔股票，或者某一板塊上投入過多的資金。對於市場的波動，你需要在牛市期間抑制衝動和貪婪，而在熊市期間不要隨波逐流，落荒而逃。

　　或許更重要的是，你可以選擇低成本的投資，或者讓理財

顧問替你投資，而你則可以專注於稅收問題。還是前面毛收益為8%的例子，你可能很容易將稅收費用等投資成本縮減一半，也就是每年約為1%，這使你擁有7%的淨報酬。如果你的投資是在退休帳戶中進行，那麼你還可以延緩納稅，並獲得免稅增長。這樣一來，你就擁有整整7%的收益。

實際上，你無論如何都規避不了通貨膨脹的影響，報酬會因此減少3個百分點。即使這樣，你仍然有機會獲得4%的收益，也就是說，你大概需要18年就可以使初始投入翻倍。

收益和風險永遠是硬幣的兩個面

收益和風險永遠是硬幣的兩個面，忽略任何一面都不是完整的投資

我們怎麼樣甄別一個理財產品的收益是高還是低？您覺得收益率多高的時候會有風險？美味的餡餅在什麼時候就有可能變成一個極大的陷阱呢？

銀行的理財產品的收益率如果能夠高於同期存款利率一點額度，這屬於正常的風險投資，您可以放心的去考慮選擇。如果明顯的高於銀行的同期存款利率，您就要考慮到其中存在的風險是否能承受得了。

具體來講，市場上無風險收益的產品就是存款和國債。現在一年期的存款利率大概是 2.25%，兩年期存款利率是 2.79%，三年期存款利率是 3.33%，三年期國債的收益率是 3.73%。如果要比較的話，就用同期的存款利率或者國債的收益率去比較，如果比這兩個都要高，那麼這款理財產品就有風險了。因為多出來的那部分收益肯定不是白來的，天下沒有免費的午餐！

通常來講，與定期存款的收益率相比，年收益在 5%以下的銀行理財產品的風險較為合適。而如果要追求 5%以上甚至更高的預期收益率的話，那麼投資者就要做好迎接高風險的心理準備了！如果某款理財產品的預期收益能達到 10%、200%甚至 300%的話，那您一定要承擔有可能虧掉本金 10%、200%、300%，甚至更多的風險。

當然，我們也不能一味的懼怕風險。因為我們隨時都在面臨著一個風險，那就是通貨膨脹！如果我們將資產全部放在存款或者國債這樣無風險但是低收益的品種上，很有可能就會在通貨膨脹的風險下資產縮水貶值。我個人感覺，銀行理財產品相對來說更具有穩健對抗通貨膨脹的能力。我在前面也提到了，目前銀行理財產品中新股申購類產品、信託類產品的收益都比較穩定，而投資於基金、黃金、外匯等金融產品的理財產品則風險較大。一般而言，打新產品和信託產品的本金有較大

保障。但需要提醒的是，在購買銀行理財產品時，我們應該根據自己的風險承受程度，來選擇投資標的不同的產品，一定要注意產品期限，我認為以半年期到一年期的短期投資品種為宜。

另外，銀行代銷的一些分紅型保險產品，在保險期滿後可以還本付息和獲得分紅收益，由於資金主要投向基礎設施建設項目、債券和包括協定存款在內的銀行存款，所以這類產品的風險也比較小，在獲得保本和穩定收益的同時也獲得了保險保障，適合投資風格較穩健的客戶。

我們當然希望自己的收益越高越好，風險越低越好，但在風險和收益並存的時候，我們就必須要認清自己的風險承受能力，為自己的生活留有餘地。畢竟投資理財是為了讓我們的生活更幸福，而不是為了那一點多出來的收益讓自己變成投資的奴隸。

同一種投資工具，有不同的風險屬性

市場上有不同的投資工具，它們各有不同的特色及投資方式，沒有所謂的最好或最差的投資工具，只有適合或不適合自己的投資工具，了解投資屬性之後，接下來就要選擇相對應的投資工具，才是最正確的理財態度。

不過同樣是理財工具，視標的與操作技巧的不同，風險屬

性也不一樣，以基金為例，風險屬性差別歸納如下：

避免不正確的期望，錯估投資報酬率

了解投資屬性之後，接下來認識風險承受度，我還是老話一句：「清楚自身風險偏好，提高風險管理能力」，個人理財行為和決策經常是在有風險的環境中進行的，冒風險就要要求得到與風險相對的額外收益，否則就不值得去冒險。

可惜的是我觀察到人們最容易犯的錯誤是專注於收益率的比較，對相對應的風險則視而不見或關注甚少。不同的人由於多種因素影響，其風險偏好也會各不相同，因此清楚自身的風險偏好，顯得尤為重要。

我遇到過一些自以為保守的投資人，當問到理想的投資報酬率時，他們告訴我的數字居然高達 20% 以上，而且喜歡當沖股票、買賣期貨，實在讓我嚇一跳，可見不了解自己的投資人不在少數。

我奉勸朋友們，通常債券、基金、股票、期貨的風險屬性是越來越高的，什麼樣的個性最好搭配什麼樣風險程度的理財工具，不然不正確的期望會導致錯估的投資報酬率，這對投資活動會造成一定的不良影響。

貨幣擁有時間價值

　　貨幣擁有時間價值，這個理念可以說是西方金融理念的根源，也是金融發展到今天所倚仗的最根本的原則。理解了這個原則，對於我們理解金融產品、學習理財有決定性的幫助。很多人不明白，貨幣為什麼有時間價值，這個說來話長。我們舉個簡單的例子：你去買房，一間 800 萬的房子，如果一次性付清，那麼就需要支付 800 萬元現款，而如果你只付了 300 萬，貸款 500 萬，每月分期付款，十年後付清。那麼，你為這間房子所付出的錢最終可能是 1300 萬。也就是說，今天的 500 萬，相當於 10 年後的 1000 萬（頭期款已經付了 300 萬）。表面上看是因為銀行收取了你的貸款利息，實際上貸款利率就是貨幣時間價值最直接的表現。

　　換句話說，同樣的一塊錢，在昨天、今天、明天的價值是不同的。

　　所以，投資理財時，都應當有這根弦在頭腦中，在做投資決策時，注意提醒自己，別忘了貨幣具有時間價值。

　　現值（PV）、未來值（FV）、貼現率（r）、期間（n）

　　請大家記住這個公式：$FV = PV \times (1 + r)^n$。其中現值（PV），是表示目前的價值，未來值（FV）則是指未來的價值，貼現率（r），可以理解為投資人要求的投資報酬率，也可以看

作是借貸（融資）的成本利率（如貸款利率），期間（n）是表示現值和未來值之間的時間，一般以年為單位計算。用這個公式就能夠計算自己的投資報酬率。然後，將多個理財、投資方案進行比較，選擇最適合的投資報酬。

機會成本

此外，結合貨幣時間價值還應當考慮投資的機會成本。什麼叫機會成本？通俗點說，就是在做出一項選擇的同時所放棄的機會中最高那個成本。投資的時候，經常遇到選擇問題：比如，是該買基金還是買股票？是否提前還貸？投資黃金還是債券？投資自己繼續進修還是找個工作？等等。在面臨這些選擇的時候，機會成本是一個很好的衡量標準，它能幫助你更好的判斷。

風險與收益是孿生兄弟

高收益往往伴隨著高風險，在金融行業工作的人都知道這個基本原理。對於投資者而言，一般風險越大的項目，要求的投資報酬就越高，風險與投資收益有著直接相關性。

作為普通的投資者，我們也要有相應的意識。不同的理財工具（也就是投資工具），有不同的收益和風險，一定的收益必定伴隨著相應的風險。如果哪個投資工具說高收益、低風險，

甚至無風險，這裡面十之八九有問題，還可能是騙局。我們要做的是，針對各種理財工具的收益性、風險性以及不同的特點進行組合，做合理分配，以求達到風險相同的情況下收益最大，或者收益相同的情況下風險最小的最佳狀況。

銀行是一個大超市

許多人習慣動不動就跑銀行一趟，比如辦理自動轉存，繳電話費什麼的，儘管可能距離很近，但永無止境的排隊也夠讓人煩的；其實銀行都有網路銀行業務，可很多人總有些不太適應，因此，很多人都希望銀行有包辦一切的服務。

目前，有很多銀行推出了「個人理財帳戶」，幾乎將我們此前介紹的各種銀行業務一網打盡，它集存款帳戶、貸款帳戶和投資帳戶三種帳戶於一體。要存款呢，可以存多種幣種，選擇不同的存款種類；而貸款起來也方便得多；同時還可以輕鬆的買賣債券、基金和保險等。最重要的是，它能夠全面反映你的資產構成和資金變動情況，並由此得到銀行客戶經理一對一的理財服務，包括分析資產狀況，測量風險承受力，制定理財規畫，更好的實現資產增值等。

可以說，銀行就是一個大超市，正變得使用起來越來越方便。

升息後，定存如何提前支領再轉存才划算？

一旦銀行升息，很多人的第一想法就是將已有的定存提前領出來再轉存。但是，不能盲目的提前支領後再存，以避免利息損失。具體要根據原有存款的金額大小、存期以及距離到期日的時間來決定。利用下面這個公式，可以說明我們確定原有的存款存了多少天後提前支領轉存才划算。

轉存利息平衡分界點＝一年的天數 × 現存單的年期數 × （新定期年息－現存單的定期年息）÷（新定期年息－活期年息）

根據這個公式可以確定不虧不賺的存款盈虧臨界天數。若已存天數大於這個天數，就不要轉存；若已存天數小於這個臨界天數，就可轉存賺取更多的利息。

如：一筆存款現年息是 3.6%，存期一年。如果你想轉存一年的定存，按新利率 3.87%，活存年利率 0.81%，一年天數 360 天計算，那麼：

$360 \times 1 \times (3.87\% - 3.6\%) \div (3.87\% - 0.81\%) = 32$ 天

也就是說，如果該筆存款未到 31 天，則轉存是合適的，否則就不划算了。

加息後，如何選擇銀行理財產品？

無論何時，都要根據自己的資金流動需求和風險偏好，來確定適合自己的產品期限和相應期限的理財產品，這是選擇銀行理財產品的前提。在加息時，一般可採取兩種策略：

選擇浮動利率理財產品

部分商業銀行推出的理財產品收益率與一年期存款利率掛鉤，如果央行加息，理財產品的收益率也會相應提高。同理，憑證式國債中的浮息債應該是首選的國債投資品種。

理財產品以短線為主

對貨幣理財產品而言，期限長的產品鎖定資金時間長，往往在貨幣加息過程中會失去進一步提高收益率的機會。

不過，有一點需要提醒。投資者在選擇產品時，不能只看產品收益率的高低，而是要將產品的收益率、期限、結構和風險度做一個綜合判斷，仔細閱讀產品說明書，弄清楚具體的產品結構、計息方式、利息稅計稅基礎、手續費、提前終止權、是否可以質押等問題。

為什麼 A 國銀行業要大力發展中間業務？

銀行收入主要有三塊：資產業務、負債業務和中間業務。

目前 A 國銀行主要靠利差收入，中間業務起步較晚，占比較低。

近年來，隨著 A 國資本市場交易活躍，儲蓄分流的效應進一步顯現，導致儲蓄存款減少，傳統的利差收入受到威脅。此外，由於將加速推進利率市場化，而利率市場化不僅意味著利差縮小，還會使商業銀行在定價、儲蓄分流、債券資產縮水等方面面臨多重風險。

中間業務是形成銀行非利息收入的業務，不花銀行錢而只靠仲介服務贏得利潤的業務，具有低成本、低風險、高收益的特點。它主要包括結算手續費、銀行卡業務收入、代理業務手續費等。據統計，中間業務在銀行總業務中每增加 1 個百分點，銀行利潤就會成長 1.5 個百分點。因此中間業務被諸多商業銀行作為策略發展重點。在一些國家，商業銀行的中間業務發展得相當成熟，美國、日本、英國的商業銀行中間業務收入占全部收益比重均在 40% 左右，美國花旗銀行收入的 80% 來源於中間業務。

與其相比，A 國商業銀行中間業務的整體發展水準較低、效益差，非利差收入占總收入的比重僅為 7.25%，因此未來發展空間很大。

第八章　高薪水比不上會理財：

別讓沒錢成為你的理財藉口

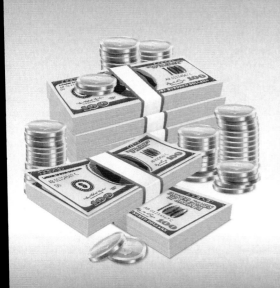

收入越高，就更需要理財

收入越高，越需要理財，因為你的收入高，理財決策失誤造成的損失會比收入低的人決策失誤造成的損失更大。

有人說了，我就不怎麼理財，當然我也不會每月花光光，自己一樣過得很好。每年還能剩一點錢夠零花。有這樣想法的也是大有人在。乍一聽，好像這樣的生活方式也挺好，不用費心去理財，有錢就花，沒錢就不花。但是，細想一下，你就真的不需要理財嗎？即使不去考慮你過幾年可能會面臨買房、裝修、結婚的事情（假設你家裡幫你解決了這筆費用），你就真的高枕無憂了嗎？假如你或者你的家人突然有人得了大病，需要很多錢來醫治時，你該怎麼辦？也許這時候你不會想到是因為自己平時不理財導致無法抵禦這些風險，而只會想我怎麼這麼「背」。假如你平時就有足夠的風險意識，懂得未雨綢繆，遇到問題可能就會是另一種結果。我們要說的是，很多人有的「我不需要理財」的觀點也是錯誤的，不論你收入是否真的很充足（除非你的家產跟比爾蓋茲或李嘉誠有得拚，可以不用理財——其實錢越多越需要打理，如果不理財恐怕一輩子也不可能像這兩人那麼富有。而且，不論是蓋茲，還是李嘉誠，他們都絕對是理財一流高手），你都有必要理財，合理的理財能增強你和你的家庭抵禦意外風險的能力，也能使你的手頭更加寬

裕，生活品質更高。

　　小李，27 歲，在某公司做大客戶經理，工作 4 年，年收入能達到 75 萬元以上。自己買了一輛車，每天開車上下班，平時消費很高，也從來不在家做飯，穿戴的基本都是名牌，晚上還經常去酒吧消費。不可謂不瀟灑。而且他一直也認為，像他這樣的情況根本不需要理財。對於公司舉辦的理財諮詢課他也從來不聽。工作幾年下來享受了不少，可「銀庫」裡沒存下什麼「銀子」。都消費了嘛！

　　然而，天有不測風雲，老家突然來了電話說他母親得肺癌，要做手術，手術費一下子就要五十幾萬。家裡認為小李的收入這麼高，應該能承擔這筆費用。這下小李傻眼了，平常花錢如流水，真到急用的時候，沒錢了。怎麼辦，沒錢母親的病也得治啊，只好去借。還好小李周圍有些好朋友還有一些積蓄，東拼西湊總算把救命錢拿出來了。小李急忙把錢匯給家裡，算是救了急。而這些借錢給小李的朋友們都很奇怪，小李這麼高的收入，工作都四年了，怎麼連五十幾萬都拿不出來。他的錢都去哪裡了？而小李自己也很慚愧，他從這件事上長了記性，以後也不那麼亂消費了，慢慢開始學習理財。

　　按理說，像小李這種工作條件以及他的收入能力，平常如果沒有什麼特殊情況發生的話，一般經濟問題都難不到小李。可是偏偏遇到了母親大病的特殊情況，他的「風險防禦系統」

第八章　高薪水比不上會理財：別讓沒錢成為你的理財藉口

一下子就崩潰了。其實，如果小李之前稍微有一點理財意識，像他這樣的收入，完全可以輕易解決這個問題。而他的生活風險抵禦能力也應該是很強的。正因為他認為自己收入高，不需要理財，才導致這樣的情況。

你理財，財理你

俗話說：「你不理財，財不理你。」作為社會經濟的組成個體，每個人都有著相應的理財需求，因為每個人都希望過上幸福美滿的生活。不要以為每個月薪水不夠花就沒有理財的必要，以為理財是富翁的專利。這是對理財概念性的誤解。理財簡單的講就是開源節流，管理好自己的錢。有餘款的時候要學習投資理財，錢不夠用就要反省自身，用理財知識來為自己省錢。

理財是無所不在的，它是每個人的本能。人人都可以成為理財大師。因為理財不需要高深的知識，只是做加減法而已。

從現在開始調整自己的理財觀念，不要害怕自己什麼都不懂，一點基本的財務知識加上良好的理財習慣，再加上對理財足夠的重視，就可以擺脫跟在別人後面亦步亦趨的被動局面。

在美國學者的《巴比倫富翁的祕密》一書中，作者透過巴比倫第一富翁之口，向我們闡述了理財的七個祕訣：

1. 當你的錢袋裡有 10 塊錢時，最多只能花掉 9 塊錢。

2. 一切花費都須有預算，人們應當把錢花在正當的事物上面。

3. 使每一塊錢都替你賺錢，讓金錢源源不斷流入你的錢袋。

4. 投資一定要安全可靠，這樣才不會喪失財富。

5. 擁有自己的住宅。正如巴比倫國王用雄偉的城牆圍繞城市，有堅定發財意志的人一定有能力建立自己的家園。

6. 為了防老和養家，應該儘早準備必需的金錢。

7. 培養自己的力量，從學習中獲得更多的智慧，這樣就會有自信去實現自己的願望。

　　巴比倫富翁的七大祕訣告訴了我們什麼呢？讓我們來看看它的含義吧！

　　第一條祕訣可稱為「十分之一」儲蓄法，其思維就是：不要讓支出大於收入。花掉的錢只能換來衣食，而存下的錢卻可以生出更多的錢。

　　第二條祕訣是如何花錢，不要把支出和各種欲望攬在一起。預算使你有錢購買必需品，使你有錢得到應得的享受，也使你不至於在對欲望的無限追求中弄得入不敷出。

　　第三條祕訣是教你投資以及怎樣投資。應該注意的是，在投資之前必須認知到其風險性 —— 為求高利而冒險投機是不可取的。

第四條祕訣強調的是產業和財富對成功有著重大的積極意義。古語說：「無恆產則無恆心。」當你擁有自己的家園和產業時，才會因自豪而珍惜，才會更有信心、更加努力。

第五條祕訣的實質是：為將來投資。在古代，通常的方式是把錢財埋藏起來，時至今日，人們已經有了更好的選擇：投資於多種保險事業。

第六條祕訣與前面五條不同，它討論的主題不是金錢，而是金錢的主人。不是每個人都能賺到錢的，要做到這一點，你必須有強烈的信念和欲望，必須不斷充實自己，必須不斷進步。

把這幾條祕訣運用到現實生活中，你會發現，自己的經濟狀況不再是一塌糊塗，你會發現原來管理自己的錢財也可以有這麼大的樂趣，而更重要的是生活品質的提高為你帶來的那份成就感。

養成儲蓄的好習慣。每月發薪後就將其中的一定數目，比如薪水的 20%存入銀行，從此絕不輕易動用這筆錢，那麼若干年後這就將是一筆可觀的財富。如果不這樣做，這筆錢將很容易的被花掉，而且你也不會感到生活寬裕多少，千萬不要等到月底看剩下多少錢時才來儲蓄。

學會精明的消費。由於個人收入水準、生活方式的差異，「精明」二字的解釋也各有不同，所以消費時千萬不要跟隨潮

流。要記住，適合別人的不一定適合自己。記下你花費的每一筆錢：三餐開銷、著裝打扮、交通費用、娛樂費用⋯⋯分類紀錄可以讓你看清自己在消費上存在哪些不夠理性的地方。

有些冤枉錢可以不花，只有清楚這些，你才能有的放矢的做好「節流」。

多種投資。女性對於需要冒險精神、判斷力和財經知識的投資方案總是有點敬而遠之 —— 認為它太麻煩。但是當她們簡單的將錢存入銀行而不去考慮投資報酬和通貨膨脹的問題，或太過投機而使自己的財產處於極大的損失危險之中時，她們卻忽略了這將為她們帶來更大的麻煩。

擁有自己的居所。在大城市工作打拚，住所是生存的一大難題。如果具備能力，且條件成熟，擁有自己的居所要比每月繳納高額租金合算得多。購買住房是一種建立終生資產的行動，所以應當深思熟慮。在採取任何獲得不動產的行動之前，都應當考慮好自己的資金支付能力和支付方式等問題。

學會未雨綢繆。為了應對意外的支出，平時就要存出一項專用的應急款，這樣才不會在突然需要用錢時動用定期存款而損失利息。

把工作當作最好的投資。雖然操盤投資理財，不失為致富的一種途徑，但讓你獲得財富並獲得成就感的還應該是你的工

作。畢竟，以工作表現得到高報酬，在工作職位上能不斷學習成長是一條最踏實穩健的投資理財之路。

當你學會打理自己的財富，你就會發現：你所擁有的幼苗在逐漸長高、長大。錢能生錢，善於理財的人最能體會這一點。

王欣、李歡、張佳是同班同學，她們畢業後都在同類行業找到了一份工作，薪水相差無幾，都能達到 35,000 元左右。

王欣是個「月光族」，吃穿打扮特別講究，對於時尚也很有研究，衣櫃裡堆滿了曾經流行一時，現在卻過時不能穿的「淘汰貨」，但下次路過服飾店時還是控制不住自己的購物欲。一個月的薪水一轉眼就花光了，可王欣偏又看上一款新穎的進口手機，沒辦法，只好回家找父母「集資」去了。

李歡生活特別節儉，與王欣是完全相反的兩個類型的人。她對自己幾乎達到「小氣」的地步，每月必須有近 30,000 元定期存款。前段時間，家裡出了急事，需要用錢，李歡翻出存摺卻發現離到期日最近的也得一年多。不領吧，肯定誤了大事，提領吧，提前支領按活期計息，會造成利息損失。李歡只得東借西湊，還向公司支領了幾個月薪水，這才湊夠了款項。

張佳特別喜歡上網，因此接觸了許多最佳的資訊。她辦理了網路個人銀行帳戶，足不出戶就可以購物消費。更重要的是，她學會使用個人銀行的理財功能，用手頭閒餘的小筆資金

進行外匯投資，經常研究金融知識、利率走勢讓她眼光準確獨到，很快便有源源不斷的收益進入帳戶。她索性辭掉工作，做專業投資、股票、基金……

　　三個起點相同的女人走出三條不同的理財之路。我們可以想像，她們會有怎樣不同的三種命運。為什麼差距如此之大？僅僅只是理財方式的不同就造成了如今這種結果。

　　仔細觀察，我們就會發現，窮人總是把富人致富的原因歸結為運氣好、從事不正當或違法的事業、更努力的工作、克勤克儉……但這些人絕不會想到，造成他們貧困的最主要原因是他們不懂得理財。

　　大多數富人的財產都是以房地產、股票的方式存放，而大多數窮人的財產不是揮霍一空就是存在銀行裡，他們認為那才是最保險的。

金錢是一種可即刻伸縮的能源，讓它流動起來，那它就是你的搖錢樹

　　理財能力決定了你的收入。認知到這一點之後，我們應及早的開始理財訓練，找到自己的搖錢樹。在你小的時候，你種下一粒樹的種子，它就會跟你一樣逐漸成長。其實，在理財方面也是如此。

聖經中有這樣一句話：「永遠不要低估金錢的價值；永遠不要高估金錢的價值……善用金錢吧！」

快快行動起來，從現在開始學習理財，好好規劃你的「錢」途，為今天的美麗和明日的精彩！

「我沒財可理」只是一種藉口

許多朋友在談到理財問題的時候，經常會說一句：「我沒有錢可以理。」這句話的「出現率」甚高。我幾乎遇到過的 80% 以上的年輕朋友都會這麼說，尤其剛畢業工作不久的年輕朋友更是如此。你真的無財可理嗎？讓我們看看下面的例子，也許從中你會看到自己的影子。

小王，22 歲，大學畢業，工作剛半年，未婚，月收入 35,000 元左右；小劉，25 歲，技術學院畢業，工作 3 年，未婚，月收入 25,000 左右。按常理說小王每月收入 35,000 元，比小劉多 10,000 元。他應該比小劉「更具備理財的條件」，事實真是這樣嗎？他們兩人均是每月月初公司發薪，結果同樣是半年，半年後，小劉存下了 90,000 元，小王只存下了不到 6,000 元。這是怎麼回事呢？讓我們看看兩人的收支情況吧。小王在衣食住行上的開銷都要高出小劉，除去這些基本消費，在旅行、健身、購置自己喜愛的電子產品方面還有一大筆支出，

粗略算下來，基本消費加上娛樂消費，小王的 35,000 元月收入所剩無幾。而小劉雖月收入不高，但一切從簡，基本消費只有 10,000 元，又沒有抽菸喝酒等其他嗜好，喜歡看書，每月花費 1,000 元左右買書。這樣算下來，小劉每月的開銷大概在 9,000 元，半年能節餘 90,000 元，除去一些別的開銷，小劉半年下來存了 85,000 元，之後他又把其中的 60,000 元轉成了一年期定期存款，每年到期不領，自動續存。從上面的對比可以很明顯的看到，聲稱自己沒有錢理財的小王，真的沒有錢可以理財嗎？那為什麼收入比他少的小劉卻有積蓄。大家透過這個例子可以看出其實小王並不是沒有錢可以理，而是根本沒有理財的意識。其實比小王收入低得多的大有人在，可是一樣能理財。我們 1970、1980 年代出生的一代，部分人收入比小王要高，可理財能力不一定比他好，經常不到月底就沒錢了。甚至還要借錢過日子。看到這裡就明白是怎麼回事了吧？所以千萬不要告訴自己「我沒財可理」，要告訴自己「我要從現在開始理財！」

「不積跬步，無以至千里；不積細流，無以成江海」，「積少成多，聚沙成塔」。永遠不要認為自己無財可理，只要你有經濟收入就應該嘗試開始理財。這樣才能替自己的財富大廈添磚加瓦。

單身一族理財基礎三步走

　　單身時間一般是 1～5 年，時間段一般是畢業後工作的 1～5 年中，這段時期的特點是：一般收入相對較低，而且朋友、同學多，經常聚會，還有談戀愛的情況，花銷較大。所以這段時期的理財不以投資獲利為重點，而以累積（資金或經驗）為主，這段時期的理財步驟為：節財計畫→資產增值計畫（這裡是廣義的資產增值，有多種投資方式，視你的個人情況而定）→應急基金→購置住房。策略方針是「累積為主，獲利為輔」。根據這個方針我們具體的建議是分三步：存，省，投。

1. 存，即要求你每個月雷打不動的收入中提取一部分存入銀行帳戶，這是你「聚沙成塔，集腋成裘」的第一步，一般建議提取 10%～20% 的收入每月存款。當然這個比例，也不是完全固定不變的，這要視實際收入和生活消費成本而定，但是在說到存這一點的時候，要跟大家強調一點，存款要注意順序，順序一定是先存再消費，千萬不要在每個月底等消費完了以後剩餘的錢再拿來存，這樣很容易讓你的存款大計泡湯，因為如果每月先存了錢，之後的錢用於消費，你就會自覺的節省不必要的開銷，而且並不會因為這部分存款而感覺到手頭拮据，而如果先消費，再存款，則很容易，就把原本打算存的錢也消費掉了，所以建議大家一定要養成先存款後消費的好習慣。

2. 省，顧名思義就是要節省、節約，在每月固定存款和基本生活

消費之外盡量減少不必要的開銷，把節餘下來的錢用於存款或者用於投資（或保險）。看到這裡，很多 1970、1980 年代出生的朋友可能會覺得這一條難以執行，並把「省」跟「摳」、「小氣」等貶義行為畫上等號，實際上這種認知也是有偏差的，打個比方，像前面舉例中的小王，他每月在抽菸上要花費 4,000 元，這是一筆完全不必要的消費，既對身體有害，又影響個人生活品質，是可以戒除的，這裡就可以把這筆費用節省下來，一年能節省 48,000 元，足可以替自己買一個 50 萬元的還本型健康險了！

3. 投，在刨除每月固定存款和固定消費之後的那部分資金可以用於投資。比如：再存款、買保險、買股票（或其他金融產品）、教育進修等。所以，這裡我們說的投資不僅僅是普通的資金投入，而是三種投入方式的總稱：一般性投資、教育投入、保險投入。

   一般性投資建議：因為短期內不存在結婚或者其他大的資金花費，所以可以多提高投資理財的能力，累積這方面的經驗。可將每月可用資本（刨去固定存款和基本生活消費）的 60％投資於風險大、長期報酬較高的股票、股票型基金或外匯、期貨等金融品種；30％選擇定期儲蓄、債券或債券型基金等較安全的投資工具；10％以活期儲蓄的形式保證其流動性，以備不時之需。

   上面是普通情況下我們對你提出的建議，當然你也可以根據個人實際經濟狀況以及個人性格等方面的因素，把這部分資

金用於教育投入和保險投入，或者做相應的組合。

做好今天，女人的未來才有保障

　　把明天的事放到明天，在今天及時享樂的想法大概許多人都會有。但是，時間的流逝比我們想像中的要快很多，妳的將來是可預知的，如果不從今天做好準備，那麼妳的未來註定會是淒涼的結局。下面是 5 個幫助妳計劃未來的頂級策略。

不要屈服於彼得潘症候群

　　如果妳相信我們可以不受年齡的影響，夢想著有一天彼得潘會飛到妳的窗前，帶妳去一個奇妙的世界，那裡每個人都不會長大，不必為養老金犯愁，那妳就未免太天真了。

　　儘管如此，患有這種彼得潘症候群的女性並不是少數。她們的目光只放在現在，而不是將來。

　　她們的身體是成年人的，但是經濟思想卻還停留在小女孩的水準。她們追求的是包有糖衣的短期目標，聽到有人討論未來，就會用手堵上自己的耳朵，或是像下面這位女孩一樣，什麼事情都交給父親處理。

　　「當聽到有人談論理財什麼的，我就頭大。我的父親已經70 多歲了，他會經常向我解釋理財的事情。但是我自己真的處

理不了，所以父親只能為我代勞，他幫我買了養老金，做了投資，我對此一無所知。」

擁有這種心理的女性多半是因為兒童時期被照顧得太好，因此缺乏直面現實生活問題的能力。但是奇怪的是，對一些女性朋友來說，這種情況僅限於理財方面。她們在其他領域都做得很好，然而一旦涉及金錢，她們就會無助得像個孩子。

那麼如何來判斷妳在理財方面是否是不成熟的彼得潘呢？回答以下這些問題，妳就可以找到答案。妳是否會：

1. 自己制定出來年的儲蓄計畫，可到時並不照辦。

2. 拒絕為明天發愁，因為妳知道自己的薪水還會增加。

3. 發現自己從現在開始為未來存錢為時已晚。

4. 妳認為妳現在應該過自己想要的生活，明天的事明天再說吧！

5. 妳相信好運遲早會降臨。

6. 人生苦短，當然要及時行樂了。

7. 妳相信船到橋頭自然直，很多問題都能迎刃而解。

8. 妳始終堅信世外桃源是真實存在的。

如果以上陳述，有 3 個以上符合妳的心境，那麼就意味著妳可能生活在經濟世界的世外桃源中。是時候來改變這種狀況了，妳現在應該做一些事情而不僅僅是停留在空想上。

應對辦法：主動存錢。每個月少買一件妳生活中可有可無的東西，如衣服、包包等。從現在起每個月固定存下固定數額的錢。每個月發薪水後先扣出這筆錢存入銀行。

避免由安全症候群所產生的錯覺

也許你正是少數的那幾個沒有債務的幸運兒，以你的薪水還房貸並不吃力，而且還有一點小積蓄，你很容易會對自己的經濟安全產生一定的錯覺。

但是，如果你不工作了，你會用什麼來維持生計？即便你有別的收入，你確定它足夠維持你的生活嗎？

還清房屋的每月貸款似乎是很多人長期的理財目標。甚至 BBC 有一檔電視節目就叫做「兩年還清你的房屋貸款」，似乎是教你透過控制寵物貓的晚餐來存錢，當然，這有些荒唐。早日還清房屋貸款總是好的。但是你不能以犧牲老年生活為代價。因為如果你將所有的精力和存款全部投入到還房貸中，直到 50 歲才開始考慮為退休後的生活存錢，那麼你的代價就相當昂貴了。你已經錯過了由複利所帶來的資產神奇增長的機會。而且可供你選擇的投資機會也少了很多，因為你已經沒有太長的時間供它們發展。

所以我們說，你最好先為未來投資，然後再為付清房貸而努力。大多數的理財師認為這樣做才是明智的選擇。

應對辦法：計算出你的養老金、儲蓄、投資等在今天的總價值，然後想一想，5 年後，它們的價值又是多少。

不要把希望都寄託在國家規定繳納的養老保險上

國家規定繳納的養老保險，大部分由你的公司支付，你自己只需要繳納很少的一部分，對你來說養老保險花費最小，而報酬最大。但那並不足夠。養老保險只能為你退休後的生活提供最基本的生活保障，除此之外，你還是得為自己存下一筆養老金，讓自己將來的生活更舒適。

應對辦法：向保險公司諮詢，替自己挑選一項好的養老投資。

不要一說起錢，就往後躲

好的，來舉手，誰認為養老金和投資的事情很容易理解？大概我們中沒有一個人會這麼想。很多女性都發現理財的事情不是一般的無聊，她們中的一員告訴我們：

「我只把錢當作獲得結果的手段。我沒興趣存錢或是投資。我發現存錢或是讓其升值都是很費力氣的事情。我知道我應該更積極、對自己的人生更有規畫，但我總是無法克制自己的欲望而衝動購物。」我們千萬不能被理財和投資的事情搞得畏首畏尾。停止所謂的安全考慮，不要過於擔心投資風險太大而只選擇儲蓄，要知道風險和報酬並存。

237

第八章　高薪水比不上會理財：別讓沒錢成為你的理財藉口

　　對財務一竅不通的代價是很大的。舉個例子說，如果你不了解 15 年和 20 年按月還款的區別，那麼你就可能為此白白損失 70,000 英鎊。不了解如何促進投資報酬率會令你損失成百上千的英鎊。

　　我們可能會被市場上數不勝數的理財產品沖昏頭腦，無法選擇。但是我要告訴你一個小祕密 —— 那就是所有的理財產品大體上是一樣的。但不管你買的是哪一類，總歸屬於下面 4 個類型中的一個：

1. 存款：將錢投資到銀行。收取利息。
2. 債券：將錢借給政府或金融機構，收取固定利率的報酬。
3. 股票：將錢以股票形式投資到企業中，以期升值。
4. 房產：買民用或商用住房，期待轉手獲利。

　　多看一些財經新聞，多了解一些財經資訊，選擇一種最適合你的投資方式，越早學會投資，你的收益越大。

　　應對辦法：和一個了解理財知識的人坐下來聊聊，讓他向你解釋一下你原來不懂的理財知識。不恥下問可不丟人。

不要被風險打敗

　　「風險」和「安全」對不同的人有著不同的理解，見仁見智，但你要知道它們對你來說意味著什麼。你對理財了解得越多，

你就越能夠承擔風險。

許多人對理財的「風險」是這麼評價的：

「股票變數太大，我實在把握不了。」

「把錢都放在銀行的儲蓄帳戶裡最安全。」

「我最喜歡投資房地產，至少這些是摸得到的。」

「我討厭看到自己的錢貶值。」

對你而言，最重要的是承擔起你能夠承擔並且樂於承擔的風險，而最糟糕的莫過於畏首畏尾一點險都不敢冒。不要覺得把錢放在保險箱裡就安全了，如果發生通貨膨脹，錢一樣是會貶值的。

一般說來，在較長時間段投資風險較高的產品，報酬率也高。你投資的時間越長，要承擔的風險也越多。如果你的錢在短期內還要使用，那選擇儲蓄比較好。而如果你有一筆閒置的錢，在未來 5 到 10 年都暫時用不到，則可以考慮投資股票。但前面也說過，股票市場風雲變幻，還是諮詢專業人士的意見進行買賣比較好。

你可以透過分散投資來規避風險。這就意味著可以將投資的領域和種類擴大，可以考慮不同類型的投資項目 —— 基金、債券、股票、房產。這樣一來，你的損失就會降到最低。

應對辦法：計算一下你的投資總額如何在 4 個類型中進行分配：存款、債券、股票、房產。

個人生命保障很重要 —— 多參加健身運動、購買人身保險

「過勞死」逼近 20 多歲

記者在走訪了 A 城市幾家醫院之後發現，每年例行的體檢報告顯示，當地人中老年疾病的發病年齡越來越小，高脂肪、高血壓等發病年齡已經下降到 20 多歲。由於生活節奏快，工作壓力太大，越來越多的當地人 20 多歲就出現心肌梗塞這樣的老年病。

在某會計師事務所工作的張小姐可以算是一個典型的工作狂了。她告訴記者，春節前自己曾經連續 1 個月出差在外，每天加班到清晨兩點。除夕前一天的晚上熬了一個通宵，年三十中午到 B 城市後，繼續回公司工作。「那段時間，只要我一閉眼，滿腦子就是 EXCEL 表格。家人和朋友都擔心我快要崩潰了。」「不過，加班並不總是痛苦的」，張小姐說她如此拚命是因為喜歡審計這個工作。「我能從分析數字中找到工作的樂趣和成就感。何況每個項目都要面對很多從來沒有接觸過的東

西，很有挑戰性。」

　　有關專家指出，無論是出於什麼樣的原因，如此玩命工作就是在透支生命。但一些中青年人，似乎並沒有意識到這一點。用張小姐的話說就是「年輕時拿命換錢，歲數大後拿錢換命」。

　　據了解，目前 A 城市 70%到 75%的人都處在亞健康狀態，其主要表現是健康透支。專家指出，亞健康其實就是健康與疾病之間的十字路口，如不注意保養的話可能會滑向過勞死甚至猝死。

上班族新鮮人如何做好自己的保險

　　現在很多學生畢業後都喜歡留在自己上學的城市，這樣就離開了自己的家鄉成為所謂外面創業的「第一代人」。這類上班族的特點就是工作時間不長，學歷比較高，工作能力強，比較扎實，能吃苦耐勞，一般能成為公司的骨幹或者培養的重點對象，收入也還可以。一個人在外地，經濟上全靠自己打拚，還要盡贍養父母的義務，更要為未來結婚、子女教育做準備。現在可能有自己的宿舍或者租房，單身或者有朋友未成家，那麼這樣的朋友怎樣來做好自己的保險呢？

　　我想這應該是現在很多上班族階層普遍面臨的一個問題

吧。假設你每月收入為 30,000 元左右，住公司宿舍，除去所有的開銷外還能剩下 15,000 元左右，兩三年的工作也有了幾十萬元的存款，那麼你想買什麼樣的保險來保障你個人和家庭沒有後顧之憂呢？

　　一般企業為員工購買的只是最基本的社會保險，對於新上班族來說，自行購買一些商業保險是增加人生安全係數的重要途徑。

選擇險種要分清輕重緩急

　　就保險而言，沒有最完美的方案，只有最適合自己的方案。剛步入社會的新上班族在險種選擇上要分清輕重緩急。首先，這些朋友剛開始工作，經濟收入有限，不能因為繳納保費而給自己帶來太大的經濟壓力。另外，從贍養父母、成家立業等方面考慮，對其潛在風險也必須加以防範。所以首先要考慮為自己購買較為便宜的意外險和定期壽險，一旦自己患上疾病或發生意外，不會使家人失去經濟保障。在購買意外險和定期壽險的同時，你可考慮附加住院補貼，購買一定的社會保險，可以享受醫療保險待遇，住院補貼保險可與社會醫療保險形成互補，從而彌補因住院而造成的經濟損失。在擁有意外和醫療保障後，你可考慮將每月結餘中的一部分用來購買集保障和投資於一身、具有分紅能力的保險，為今後的資金應急做一些準

備。比如像很多保險公司都有的「重大疾病」之類，透過每年交幾千元保費，連續交 20 年，最後返還本金的還本型健康險。筆者認為，這類保險，是犧牲一些「利息」來獲取一個保障，比較適合年輕朋友。至於關於養老方面的保險可以暫緩，等以後收入提高、經濟條件逐漸寬裕後，再考慮購買。

選擇保險公司要看其實力

保險合約生效後具有法律效力，保險公司必須按合約規定兌現保險利益。從這點看，各保險公司之間沒有太大的區別。當前市場上的保險公司很多，各家保險公司為了占據更多的市場份額，都在服務、理賠等方面盡量保證自己的特色，客戶對保險公司的選擇也要求其服務要專業、到位、細膩；理賠要迅速、盡心盡力、不打「擦邊球」。你在考慮這兩方面的同時，還要注意分析保險公司的背景和實力，關注其盈利狀況及發展前景。特別是你的事業剛剛起步，需要全心投入，無暇顧及市場上名目繁多的理財產品。一般情況下，如果選擇具有儲蓄和投資性質的分紅險及養老險，可以將合資保險公司作為購買首選。

選擇繳費期限應以長期為宜

涉及可以按年份期限繳費的險種，建議大家以選擇長期繳費的方式為宜。因為剛進社會工作的年輕人大多經濟實力還不

強，擁有同樣的保障，期限越長，每年繳納的保費相對越少，經濟壓力也越小，比較容易承擔。按照我們所說的，如果一個朋友每月有近 15,000 元的節餘，手裡有近 10 萬元的銀行存款，若選擇期限較短的分期繳費方式，由於繳費壓力較大，不符合購買保險的初衷。所以，如果購買分期繳費的保險產品，選擇 20 年及以上的繳費方式較為適宜。

受薪一族月薪 30,000 元的理財計畫

現在有很多的大學生都是在畢業以後選擇留在自己上學的城市，一來對城市有了感情，二來也希望能在大的城市有所發展，而現在很多大城市勞動力過剩，大學生想找到一個自己喜歡又有較高收入的職位已經變得非常難，很多剛畢業的朋友的月收入都可能徘徊在 30,000 元左右，如果你是這樣的情況，讓我們來核算一下，如何利用手中的有限資金來進行理財。

如果你是單身一人，月收入在 30,000 元，又沒有其他的獎金分紅等收入，那年收入就固定在 360,000 元左右。如何來支配這些錢呢？

生活費占收入 30%～ 40%

首先，你要拿出每個月必須支付的生活費。如房租、水

電、通訊費、柴米油鹽等，這部分約占收入的三分之一。它們是你生活中不可或缺的部分，滿足你最基本的物質需求。離開了它們，你就會像魚兒離開了水一樣無法生活，所以無論如何，請你先從收入中抽出這部分，不要動用。

儲蓄占收入 10%～ 20%

其次，是自己用來儲蓄的部分，約占收入的 10%～ 20%。很多人每次也都會在月初存錢，但是到了月底的時候，往往就變成了泡沫，存進去的大部分又領出來了，而且是不知不覺的，好像憑空消失了一樣，總是在自己喜歡的衣飾、雜誌、CD或朋友聚會上不加以節制。你要自己提醒自己，起碼，你的儲蓄能保證你 3 個月的基本生活。要知道，現在很多公司動輒減薪裁員。如果你一點儲蓄都沒有，一旦工作發生了變動，你將會非常被動。

而且這 3 個月的收入可以成為你的定心丸，工作實在做得不開心了，忍無可忍無須再忍時，你可以瀟灑的對老闆說聲「拜拜」。想想可以不用受你不喜歡的工作和人的氣，是多麼開心的事啊。所以，無論如何，請為自己留條退路。

活動資金占收入 30%～ 40%

剩下的這部分錢，約占收入的三分之一。可以根據自己當

時的生活目標，側重的花在不同的地方。譬如連假可以安排旅遊；服裝打折時可以購進自己心儀已久的名牌貨；還有平時必不可少的購買 CD、朋友聚會的開銷。這樣花起來心裡有數，不會一下子把錢都用完。

最關鍵的是，即使一發薪水就把這部分用完了，也可當是一次教訓，可以懲罰自己一個月內什麼都不能再做了（就當是收入全部支出了吧），印象會很深刻而且有效。

除去吃、穿、住、行以及其他的消費外，再怎麼節省，估算你現在的狀況，一年也只有 50,000 元的積蓄，想來這些都是剛畢業的絕大部分學生所面臨的實際情況。

如何讓錢生錢是大家想得最多的事情，然而，畢竟收入有限，很多想法都不容易實現，建議處於這個階段的朋友，最重要的是開源，節流只是我們生活的一部分，就像大廈的基礎一樣。而最重要的是怎樣財源滾滾、開源有道，為了達到一個新目標，你必須不斷進步以求發展，培養自己的實力以求進步，這才是真正的生財之道。可以安心的發展自己的事業，累積自己的經驗，充實自己，使自己不斷的提高，才會有好的發展，要相信「機會總是給有準備的人」。

當然，既然有了些許積蓄，也不能讓它閒置，我們建議把50,000 元分為 5 份，分成 5 個 10,000 元，分別做出適當的投資

安排。這樣，個人不會出現用錢危機，並可以獲得最大的收益。

1. 用 10,000 元買國債，這是報酬率較高而又很保險的一種投資。

2. 用 10,000 元買保險。以往人們的保險意識很淡薄，實際上購買保險也是一種較好的投資方式，而且保險金不在利息稅徵收之列。尤其是各壽險公司都推出了兩全型險種，增加了有關「權益轉換」的條款，即一旦銀行利率上升，客戶可在保險公司出售的險種中進行轉換，並獲得保險公司給予的一定的價格折扣、免予核保等優惠政策。

3. 用 10,000 元買股票。這是一種風險最大的投資，當然風險與收益是並存的，只要選擇得當，會帶來理想的投資報酬。除股票外，期貨、投資債券等都屬這一類。不過，參與這類投資，要求有相應的行業知識和較強的風險意識。

4. 用 10,000 元存定期存款，這是一種幾乎沒有風險的投資方式，也是未來對家庭生活的一種保障。

5. 用 10,000 元存活期存款，這是為了應急之用。如臨時急需用錢，有一定數量的活期儲蓄存款可解燃眉之急，而且存取又很方便。

　　這種方法是許多人經過多年嘗試後總結出的一套成功的理財經驗。當然，每個人可以根據不同情況，靈活使用。

第八章　高薪水比不上會理財：別讓沒錢成為你的理財藉口

月收入 30,000 元上班族理財有方可依

謝小姐月收入 30,000 元，正經歷著收入少、工作忙的奮鬥階段，這類年輕的職場人該如何使自己的有限收入保值、增值呢？

目標

希望理財師能做一個針對這類小資上班族的理財規畫。

理財建議

1. **強制儲蓄有效累積資產**。月收入 30,000 元左右的水準，首先要解決怎樣開源節流的問題。如果投資者的年齡尚輕，可以考慮以強制性儲蓄的方式來有效累積資產，每月最低只需要幾千元的投入，且不會影響到日常生活的必要開銷。另外，如果投資者有一些積蓄的話，購買銀行保證收益的理財產品也是不錯的選擇。

2. **購買純消費型定期壽險**。在進行穩妥理財的同時，還要重視保險保障的功能。針對收入相對不高，但也有一定能力支撐保險費用支出的族群，較適合期繳保費的投保方式。

   為了突出保險的保障功能，建議購買純消費型的定期壽險品種，相對那些含有儲蓄功能的萬能型、分紅型險種來講，保險費用便宜不少，更能表現保險產品的價值所在。

3. **莫成為「卡奴」**。小資上班族通常樂於使用信用卡，在方便同

時也不可避免的可能成為「卡奴」。切忌將提款卡當成消費卡隨身攜帶，做到這一點，是揮手告別「月光族」，實現財富累積的第一步。此外，要注意小心陷入無節制辦理信用卡的惡性循環。

4. **關注較高風險投資產品**。在現金流充裕且有一定資產形成累積效應時，除配置定期存款、銀行理財產品、基金定投外（在事業上升期內可考慮股票型基金），不妨適當配置一些具備較高風險的投資產品。投資者可遵循「80」法則來進行投資分配：用 80 減去現在的年齡再乘以 100%，即為投資到風險資產上的比例。另外，需要準備家庭 3 至 6 個月的消費支出為緊急備用金，以應對不時之需。

月入 40,000 元單身女性上班族如何買房

個人資料

徐小姐，單身，從事設計工作，現有個人存款 100 萬元，月收入平均 40,000 元，公司購買社會保險，年終獎金約 40,000 元。扣除日常支出後，月餘 11,000 元左右。徐小姐沒有固定資產，想諮詢理財師如何在現有情況下購買屬於自己的住房？

基本支出

· 租有一間 24 坪的房子，每月房租 18,000 元

· 外出交通費每月 1,750 元

· 通訊費每月 1,500 元

· 伙食費加上水電等費用一月共用 7,750 元

理財建議

1. 目前，徐小姐開銷中最大項為每月房租費用，我們的建議是，徐小姐一人租住 24 坪的房屋比較浪費，可考慮與人合租分攤費用。但由於租金付出僅能獲得房屋暫時使用權，所以，徐小姐可以考慮用現有的 100 萬元存款加上家庭資助或朋友借貸部分做為購房頭期款。可考慮購買市區小坪數型房產自住。徐小姐購買房屋可選擇 18 坪左右，以每坪 40 萬元均價計算，總價約 720 萬，頭期兩成 144 萬元，貸款期限可選擇 25 年。由於徐小姐首次購房可以享受七折優惠利率（目前年息為 4.158%），月付支出約 19,000 元。徐小姐應優先考慮新售建案，且以預售屋為最佳，這樣可省去二手房仲介費，且預售屋價格略低。這樣徐小姐雖然在每月住房支出上有所增加，但買房後房產可在必要時變現，以應對家庭可能的風險支出。

2. 徐小姐已購買社會保險，算獲得了應對個人風險的基本保障。我們的建議是徐小姐可考慮購買醫療保險中針對婦女特定腫瘤的補充醫療保險，可應對十種婦女高發性腫瘤。另外，徐小姐

應為自己購買相應商業保險，以保障重疾及意外為主，可選擇目前保險公司推出的月付型品種，月支出大概控制在 2,000 元。

經調整後，徐小姐大概資產情況為：

年收入約 40,000×12 ＝ 480,000 ＋ 40,000 ＝ 520,000

房貸支出 19,000×12 ＝ 228,000

通訊費 1,000×12 ＝ 12,000

交通費 1,750×12 ＝ 21,000

保費 2,000×12 ＝ 24,000

伙食費及其他基本支出 6,750×12 ＝ 81,000

年結餘 195,000 ＋ 40,000 ＝ 235,000，月結餘約 19,500 元

為應對可能出現的緊急開銷，徐小姐可考慮月存 10,000 元零存整付，以一年為單位，如未提前支領則一年後所累積資金再做安排。

3. 另有徐小姐可考慮每月以 5,000 元選擇基金定投，建議股票型基金與混合型基金各月投 2,500 元，以分散風險。基金定投最好使用銀行所提供網路銀行中操作，以享受手續費折扣。同時，我們建議徐小姐與理財師隨時保持聯絡，在股市明顯階段性拐點以賣出前期定投基金保留已得利潤，後期再加大定投量以獲得複利效益。

4. 最後，徐小姐可以每月投入 5,000 元，以定投理念購買藍籌

股，只是這種購買方式需要有一定投資經驗，徐小姐應在理財師指導下操作。股市雖有波動，但徐小姐借用定投理念可攤低購入成本，且長期持有，做到價值投資亦可獲得豐厚收益。

受薪族理財方程式＝ 50%穩守＋ 25%穩攻＋ 25%強攻

對受薪族來說，收入有兩個來源：工作收入和理財收入。在只有工作收入沒有理財收入的情況下，累積人生第一個十萬，通常是需要相當毅力的，而要累積第二個十萬，就有很多捷徑了，因為有了理財的本錢，錢生錢就容易多了。及早開始理財，就有機會提早退休享受生活，下面這個「理財方程式」可以給大家一些啟發。

理財方程式的概念十分簡單。首先，把一半積蓄放在銀行存款或國債上，這些錢的作用不是增加收入，而是保本，避免讓財富暴露在不可控的風險下。除存款和國債外，還可以關注一下其他低風險理財產品，如貨幣理財產品和貨幣市場基金，投資這些理財產品本金較安全，雖然給出的收益率都是預期收益率，沒有絕對的保證，但實際上收益率波動範圍並不大。

穩攻部分：

接下來就是如何錢生錢了，建議大家將「攻」的資金分為「穩攻」和「強攻」。穩攻部分，對於有一定投資理財概念的人，可以選一些波動度較小、報酬表現較穩健的理財產品，如混合

型基金、大型藍籌股等，追求的年收益率在 5%～ 10%不等。不過，投資前要做一些功課，選出好的股票和基金才行；同時還須有投資組合的概念，透過分散投資來降低風險。

強攻部分：

至於強攻部分，就是投資理財中最刺激的部分了，如成長型股票、股票型基金、期貨等，既有機會讓人一個月賺 10%，也有可能一個月賠掉 10%。投資這些高風險高收益的理財產品，有相當高的知識與經驗門檻，對於不擅長投資的受薪族，最好先以穩攻方式進行，在比較有投資心得、功力較深厚之後，再加入強攻一族中去追求更高的收益率。

最後，努力增加理財收入的同時，仍然要把工作收入累積下來，當初存下第一個十萬的勁頭千萬不能鬆懈。如果能保留定期儲蓄的好習慣，同時堅持投資理財，擁有下一個十萬一定不會太久。

注：須指出的是，「理財方程式」的攻守比重是可以靈活調整的，主要取決於個人風險偏好和理財目標，如果能夠承受一定風險且短期內無較大資金支出計畫，則可提高強攻部分的比例，但建議該部分比重不要超過 50%。對於保守型的投資人，則可增加穩守的比例，減少強攻的比例。

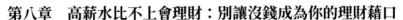

第八章　高薪水比不上會理財：別讓沒錢成為你的理財藉口

遠離「月光族」，讓財富從零開始累積

　　現在年輕人中流行著一種享樂的消費觀念，他們每月的收入全部用來消費和享受，每到月底銀行帳戶裡基本處於「零狀態」，所以就出現了所謂的「月光族」（每月薪水都花光）這個族群。「月光族」具有的基本特徵是：每月賺多少，就花多少；往往穿的是名牌，用的是名牌，吃飯上館子，可是銀行帳戶總處於虧空狀態；他們偏好開源，討厭節流，喜愛用花掉的錢證明自己的價值，他們認為花出去的才是錢；他們還常常認為會花錢的人才會賺錢，所以每個月辛苦賺來的「銀子」，到了月末總是會花得精光。這就是「月光族」的真實寫照。

　　看過本書前面內容的朋友應該很清楚了，「月光族」表面上看起來十分風光的生活，實際埋藏著極大的隱患，他們的資金鏈是處於「斷開」狀態下的。沒有積蓄，所有的收入都消費了，看似瀟灑的生活方式是以犧牲個人風險抵禦能力為代價的。導致的後果是：這些人很有可能因為一次意外（疾病、失業等），而使個人資金流出現嚴重問題，以至於無法抵禦這些不良影響的作用；更不要指望他們能獨立解決個人面臨的成家立業、贍養老人以及撫養子女的問題了。所以，「月光族」風光表面背後的本質是一種被動的生活方式。這種生活方式會把你變成一隻「待宰的羔羊」，當風險來臨的時候你只能「坐以待斃」。

再從心理角度來分析，其實「月光族」表現出來的是一種不成熟的心態。經過調查，可以發現「月光族」往往跟單身是畫上等號的。而已經成家的人，或者已經有男（女）朋友，並且計劃要成家的人往往都不是「月光族」的成員。為什麼會這樣？實際上道理很簡單，你見過結婚後的人花錢大手大腳，每月把帳戶裡的錢都花光光的家庭嗎？很少見吧。因為他們需要養家，養孩子，怎麼能輕易讓自己的家庭暴露在風險之下呢？壓力迫使他們必須有風險意識。而單身的時候，往往「一個人吃飽了全家不餓」，父母暫時不用贍養，也沒有孩子要負擔，賺了多少錢，都用於個人消費了。所以很自然的，就很難控制自己的消費，慢慢成了「月光族」。說得深一些，因為這時候他（她）自己還是個「孩子」，還沒「長大」。這裡有兩個對比典型，大家看了會有更直接的體會。

張小姐畢業於 A 城市一所著名大學，畢業後在一家金融公司工作 2 年，月薪 45,000 元，除去每個月的房租、生活費，張小姐喜歡逛街，到百貨公司買衣服，每週至少一次。此外，每月還會在酒吧小酌兩杯，一個月下來，45,000 元往往不夠花。有時候還不得不跟好友借錢。結果兩年工作下來沒存下什麼錢。張小姐今年已經 25 歲了，她很慶幸自己是個女孩，因為自己可以找一個有一定經濟實力的男朋友，並希望男朋友最好能有間房子，這樣她就不用為買房操心了。張小姐是一個女士，

她可能在成家方面需要付出的相對較少，但是她真的就不需要存有一定的資金了嗎？假如她能嫁一個「鑽石王老五」還好說，倘若嫁一個收入平常的人，要想成家恐怕就不那麼容易了。再假如不是張小姐，而是張先生，再過兩年就要面臨成家的問題，月月花光，怎麼買得起房？雖說不能以錢財作為婚姻的基礎，但是真的會有女孩願意嫁給一個沒有一點積蓄，又買不起房子的男人嗎？其實與 A 城市普通市民的平均薪資相比，張小姐的薪水算多的了。即使這樣，她依然抱怨：「每到月底，我就兩手空空，望眼欲穿的盼望著下個月的薪水。」

老李，33 歲，是在 A 城市建築工地工作的工人，每天要工作 12 個小時，一天賺 2,000 元，每月收入也不到 40,000 元。在扣除吃、住及吸菸錢後，他每月仍堅持寄 25,000 元給家裡。算一算，兩年下來，家裡收到老李 600,000 元的匯款。試想想，張小姐的月收入比老李多，可是兩年下來，老李有了 600,000 元的積蓄，而張小姐還是「一文不名」。看來大學畢業的張小姐的理財智商還不如工人老李。

這裡我們不去討論收入問題。從事的工作不同，付出不同，收入自然不同。但張小姐每月消費 45,000 元還不夠，老張每月收入不到 40,000 元卻頗有盈餘，這個反差是不是過大了？是不是值得我們深思？像張小姐這樣，有高學歷、高收入的 30 歲左右的年輕人，一般在 IT、金融、出版、媒體、藝術等

領域工作。他們小時候在長輩的百般疼愛的環境中生活，手裡握著親人們給的零花錢，衣食無憂，學校裡的學費、生活費大多也都是家裡供給，所以已經養成了只知道消費不知道節省的習慣。一旦踏入社會，勇於超前消費、高檔消費，勇於花明天的錢、花他人的錢享受自己今天的生活，大量的錢花在服裝、化妝、餐飲、旅遊、娛樂等方面，花到兩手空空，再想新的辦法，這就是所謂「月光族」。他們沒有想過，一般來說，1970、1980 年代出生的年輕人，在 2 ～ 4 年的未來，不僅要買房、結婚，還可能要贍養 4 位長輩（自己的父母和伴侶的父母）和撫養至少 1 個子女。所以，今日瀟灑輕鬆的「月光族」，明天的生活將要有多少等待克服的困難。也許有人會說，父母都有養老金不用我養，我也不結婚生子，所以不用考慮這些。這裡我們不對這種生活方式加以評論，但是這種生活態度從一個側面反映了他（她）的人生觀。中國有句老話說得好：「艱難困苦，玉汝於成」。像這樣在「幸福」中揮灑錢財和青春，在關愛中沉溺於生活享受的「月光族」，對家庭、社會有多少責任感，讓人心存疑慮。

說到這裡不得不提一句，社會現在發展得很快，我們這些年輕朋友卻沒有繼承老一輩的光榮傳統，這也許與教育有關。我們可以看到，在美國、日本這些國家，比我們富裕得多，但他們仍然教育年輕人要儉樸，要自立，要奮鬥。在美國、日

本，富家子弟，找工作做事的並不罕見。這在他們看來是再平常不過的事了。我們 1970、1980 年代出生的一族大多是被寵大的，他們的父母吃過太多的苦，所以不願讓自己的孩子吃一點點苦，但這並不代表我們可以大手大腳、不計以後。所以，年輕朋友們，當你們懂得這個道理後，在為未來生活開始著手理財的時候，也希望你們保留並發揚理財的觀念，以後千萬不要過分寵愛自己的孩子，要教育自己的後代懂得吃苦，懂得自立，懂得自己創造和管理財富。只有這樣，才是真正對他們的愛。

夾心族：人到中年須全面規劃保未來

很多人處於上有老、下有小的生活狀態，於是就有人給他們起了一個「夾心族」的名字。

劉女士就是「夾心族」的一個典型代表。劉女士是外地人，今年 32 歲，有一個 2 歲半的兒子，夫妻倆在 A 城市經營一個小商店，目前平均月純利潤 9 萬元。月開銷：寶寶上幼稚園 10,500 元，房租 13,500 元，水電瓦斯 2,000 元，其他生活費 10,000 元，目前有定期存款 100 萬元，活期流動資金 25 萬元，基金 10 萬元。全家人無任何保險（很想為家人買保險，但不知道怎麼分配，買多少合適）。隨著孩子的教育、父母的贍養、自

己將來的養老、房子的購買……頓感壓力好大。

　　劉女士跟另一半屬自己創業，家庭收入屬於中等，但由於受週期性影響收入並不穩定。在扣除所有家庭支出後的結餘是 54,000 元，結餘比為 60%，說明家庭有較強的資金積存能力。然而定期存款占總資產的 74%，成長型投資只占總資產的 7%，無法有效發揮資產的收益性。

· 現金規畫：劉女士家庭上有老人下有兒子，屬於典型的夾心一族，不過家庭消費支出控制得很合理。由於生意可能需要資金周轉並且家庭成員較多，建議將流動資金保留為 15 萬元，其他資金可充分利用於投資或消費支出。

· 保險規畫：劉女士夫婦可以說是整個家庭的主要收入來源，一旦二人任何一方或同時發生意外則整個家庭財務將受到嚴重衝擊，所以建議將家庭收入的 10% 用於購買保險，將其預算的 90% 都側重在夫婦倆身上，最基本的配置就是重大疾病險以及意外險。至於家中的寶寶目前 2 歲半也到了投保的最佳年齡，可以購買一份兒童疾病險。

· 子女教育規畫：雖然劉女士的孩子只有 2 歲半，但還是建議從現在就開始進行教育資金的籌畫。

· 退休養老規畫：由於退休金的累積需要一個較長的過程，而這筆錢的需求和這個累積時間的需求都是剛性的，「夾心族」

即使經濟比較拮据，也要提早為自己的退休生活做準備，靠長期投資把小錢變大錢。從家庭結構上看劉女士家庭已經進入事業家庭成長期，已經到了對自己和伴侶未來退休養老做打算的時期。由於退休週期較長可以選擇投資收益較高一點的基金產品進行投資，每月拿出 10,000 元定期定投來分散風險，23 年後如果期間平均月複合收益率在 5% 的話，到退休時期將會有 510 萬左右的資金可供退休生活使用。

月薪 40,000 的七年級生如何存錢購屋

我的一個朋友，今年 26 歲，大學學歷，工作 4 年，目前在一家外商從事財務工作，月平均收入 40,000 元，銀行存款 100,000 元，股票市值 200,000 元，但因前期波動被套牢，損失近 50,000 元。其日常個人生活開銷每月 10,000 元，交際費用每月 4,000 元。有吸菸嗜好，父母均在國營單位工作，有退休金和醫療保障，身體健康，短期內無須照顧。我的這個朋友屬於投資風險偏好型。他的保障情況是：公司有養老保險和醫療保險，60 歲時每月可領取 16,000 元退休金。無商業保險。

打算兩年後結婚，結婚時出國旅遊；計劃在 30 歲前購買一間 30 坪左右的房子。

透過編制我這位朋友的資產負債表和現金流量表，得出如

下有助於判斷其財務狀況的財務指標：

1. 償付比率：淨資產／資產＝ 300,000 ／ 300,000 ＝ 1，償付比率等於 1，證明朋友目前沒有負債。

2. 流動性比例：流動性資產／每月支出＝ 100,000 ／ 14,000 ＝ 7.1，反映其流動性資產可以滿足其 7 個月的開銷，流動性比率高。

3. 儲蓄比例：盈餘／收入＝ 26,000 ／ 40,000 ＝ 0.65，從儲蓄比率可以看出，滿足當年支出外，其還可以將 65%的收入用於儲蓄或投資，財務健康。

4. 投資與淨資產比例：投資／淨資產＝ 200,000 ／ 300,000 ＝ 0.66，反映我這位朋友整體的投資水準一般，資產的收益率不高。

透過上述分析，可以看出我的這位朋友目前的金融資產投資情況不盡合理，主要表現在兩個方面：其一品種單一，目前只有股票投資和銀行存款。風險投資只有股票一種，而且從前期被套損失 20%來看，投資應該是集中在一至兩檔股票上，這種將雞蛋放在一個籃子中的風險很高，不利於風險的分散；其二投資組合流動性強，但盈利能力不足。他在銀行存款方面的投資金額較大，這部分投資的特點是低風險、低收益，而且由於通貨膨脹的因素，實際利率為負。

正確的投資方法是：適當調整此部分投資的比重，在保留

第八章　高薪水比不上會理財：別讓沒錢成為你的理財藉口

適量的應急基金（家庭每月必要支出的三至六倍，建議定為30,000元），其餘的資金用於投資。由於其公司已經買了社會保險，包括養老保險和醫療保險，因此只須考慮適量的商業保險做為補充，建議優先考慮意外險。

我的這位朋友要想實現自己的目標，比較有效的方法就是：定期定額投資股票型基金。

從目前的房價來看，購屋需要一筆非常大的開銷，要實現結婚購屋計畫應提早做準備，粗略估計，結婚、購屋頭期款及裝修的費用約需50萬～80萬元。從目前每月節餘26,000元來看，如果光靠儲蓄，憑一已之力達成這個目標有一定的困難。建議從以下幾個方面入手，早日達成目標：

1. 努力工作，增加收入，從而可以儲蓄更多的錢，早日達成目標。

2. 量力而為，選擇房價適合的房子，並使用貸款。

3. 我的這位朋友很年輕，抗風險的能力強，而且本身也是風險偏好型，應該加大風險投資的比重，以分享經濟高速成長的成果。從目前他的投資經歷來看，自己做投資的效果並不理想，建議應該由專家來理財。可以考慮將手上的股票賣出後，轉換為股票型的基金，部分的銀行存款也應該轉換為股票型基金，並且以後每月的節餘採用定期定額的方式，逐步投入到股票型基金中。這種定期定額的方式，既可以很好的分散風險，又可

以獲取不錯的收益。

111.5.14
$370.83 =民

電子書購買

國家圖書館出版品預行編目資料

你的存款比想像中更少：面對通貨膨脹，你的財
產正在不斷貶值 / 韋維, 韋秀英編著. -- 第一版.
-- 臺北市：清文華泉事業有限公司, 2022.03
　　面；　　公分
ISBN 978-986-5486-97-6(平裝)
1.CST: 個人理財
563　　　　111002338

你的存款比想像中更少：面對通貨膨脹，你的財產正在不斷貶值

編　　　著：韋維，韋秀英
發 行 人：黃振庭
出 版 者：清文華泉事業有限公司
發 行 者：清文華泉事業有限公司
E - m a i l：sonbookservice@gmail.com
粉 絲 頁：https://www.facebook.com/sonbookss/
網　　　址：https://sonbook.net/
地　　　址：台北市中正區重慶南路一段六十一號八樓 815 室
Rm. 815, 8F., No.61, Sec. 1, Chongqing S. Rd., Zhongzheng Dist., Taipei
City 100, Taiwan
電　　　話：(02)2370-3310　　　傳　　　真：(02) 2388-1990
印　　　刷：京峯彩色印刷有限公司（京峰數位）
律師顧問：廣華律師事務所 張珮琦律師

--- 版權聲明 ---

定　　　價：370 元
發行日期：2022 年 4 月第一版

臉書

蝦皮賣場